Karl Sallmann

Lexikalische Beiträge zur deutschen Mundart in Estland

Inaugural-Dissertation

Karl Sallmann

Lexikalische Beiträge zur deutschen Mundart in Estland
Inaugural-Dissertation

ISBN/EAN: 9783744636773

Hergestellt in Europa, USA, Kanada, Australien, Japan

Cover: Foto ©Andreas Hilbeck / pixelio.de

Weitere Bücher finden Sie auf **www.hansebooks.com**

LEXIKALISCHE BEITRÄGE

ZUR

DEUTSCHEN MUNDART IN ESTLAND.

INAUGURAL-DISSERTATION

DER

PHILOSOPHISCHEN FACULTÄT ZU JENA

ZUR

ERLANGUNG DER DOCTORWÜRDE

VORGELEGT VON

KARL SALLMANN,

OBERLEHRER ZU REVAL.

LEIPZIG,
DRUCK VON C. GRUMBACH.
1877.

Nächst der Nöthigung, mit vereinzelter Kraft zu arbeiten, wo ein Zusammenwirken vieler so viel ersprieszlicher wäre, besteht die gröste Schwierigkeit, welche sich einem Bearbeiter der deutschen Mundart in Estland entgegenstellt, in der sicheren Grenzbestimmung dessen, was als landschaftlich gelten dürfe. Die estländische Mundart berührt sich an vielen Punkten nicht blosz mit dem livländischen, sondern auch den verschiedensten niederdeutschen Idiomen; ja, es bildet gerade diese Anlehnung an die manigfachsten räumlich oft weit entlegenen Landschaften eins ihrer eigentümlichen Merkmale. Wenn ich dennoch alles berücksichtigt habe, was in der heutigen Schriftsprache nicht allgemeine Aufnahme gefunden oder nicht, was bei der Beschränkung dieser Beiträge auf die kurze Spanne der Gegenwart und allernächsten Vergangenheit fast dasselbe sagen will, in den vollständigsten bisher erschienenen deutschen Wörterbüchern, insbesondere dem Grimm'schen, sich findet, so glaube ich der Zustimmung aller Urtheilsfähigen sicher sein zu dürfen. Ebenso flieszend sind oft, und das trat besonders störend bei dem Stoff hervor, welcher dem grammatischen Theile zufällt, die Linien, durch welche die Sprechweise der verschiedenen Stände abgegrenzt wird. Hier kann über das Zuviel oder Zuwenig Streit sein, schlieszlich wird sich jeder an seine individuelle Entscheidung gewiesen sehen. Nur die Sprechweise der aus den Estenkreisen sich heraufarbeitenden Halbdeutschen glaubte ich entschieden ausschlieszen zu müszen.[1]

Jac. Grimm schliesz die Vorrede zum Deutschen Wörterbuch mit dem Zuruf: „Deutsche, geliebte Landsleute, welches Reichs, welches Glaubens ihr seiet, tretet ein in die euch allen aufgethane Halle

---

[1] Von Vorarbeiten konnten benutzt werden A. W. Hupel „Idiotikon der deutschen Sprache in Liv- und Estland" (in den Neuen nordischen Miscellaneen 11. und 17. Stück, 1795), W. von Gutzeit „Wörterschatz der deutschen Sprache Livlands" (1. Theils 1. Lief. A—B, 1859; 2. Lief. C—F, 1864; 2. Theils 1. Lief. K, 1874), C. Hoheisel „Einige Eigentümlichkeiten der deutschen Sprache Estlands" (Progr. des Revaler Gymn., 1860), F. J. Wiedemann „Einige Bemerkungen über die deutsche Sprache in Estland", 1854, und „Estnisch-Deutsches Wörterbuch", 1869, R. Grosz „Ein Versuch über das deutsche Idiom in den baltischen Provinzen", 1869.

eurer angestammten, uralten Sprache, lernet und heiliget sie und haltet an ihr, euere Volkskraft und Dauer hängt an ihr. Noch reicht sie über den Rhein in das Elsasz bis nach Lothringen, über die Eider tief in Schleswig-Holstein, am Ostsee-Gestade hin nach Riga und Reval, jenseits der Karpathen in Siebenbürgens altdakisches Gebiet. Auch zu euch, ihr ausgewanderten Deutschen, über das salzige Meer gelangen wird das Buch und euch wehmüthige, liebliche Gedanken an die Heimatsprache eingeben oder befestigen, mit der ihr zugleich unsere und euere Dichter hinüberzieht, wie die englischen und spanischen in Amerika ewig fortleben." Diese Worte, so oft ich sie vor Augen gehabt, und ich habe sie mitsamt den übrigen in der Vorrede seit Jahren wie oft immer und immer wieder lesen müszen, haben mir immer etwas wehmüthiges und etwas tröstliches gesagt. Wer heute in dieser Landschaft mit dem Blick auf die nächste Umgebung jener Aufforderung Folge leistet, hinabzusteigen in den dort erschloszenen weiten Schacht, dem wird der Anblick der mächtigen Blöcke, des in reichen Adern schimmernden Gesteins nicht anders als Wehmuth erwecken können, wenn er gewahrt, wie so manches Wort, so manche Wendung und Redensart, die den Mundarten Deutschlands übereinstimmend geläufig und in täglicher allgemeiner Uebung sind, über der weiten räumlichen Entfernung, die uns trennt, über der langen staatlichen Entwickelung, die uns scheidet, ihren Schall nicht bis an unsere Küste getragen haben, unter uns niemals in lebendiger Sprache vernommen werden. Wie spärlich und knapp ist unter uns, um nur diesz Eine anzuführen, der Gebrauch des deutschen Sprichworts! Aber auch des Tröstlichen genug sagt uns Jac. Grimm mit seinen Worten. Es steht wirklich die deutsche Sprechweise unter uns in lebendiger, kräftiger Uebung. Auch die lieblichen Gedanken an die Sprache daheim im Mutterlande bleiben nicht aus. Jede Arbeit, die sich dem baltischen Sprachidiom zuwendet, wird vorwiegend mit Freude lohnen. Denn je länger je mehr wird es sich bestätigen, dasz sie mit nichten einen unorganischen Colonisten-Jargon, dasz sie auch nicht, wie Al. Treitschke einmal vor Jahren gesagt, aber auch widerrufen hat, eine kümmerliche, abgeblaszte, dürre, nur künstlich genährte Büchersprache vor sich hat, sondern einen eigenartigen, gesunden, in frischem, vollem Laube stehenden Zweig an dem deutschen Sprachstamm, der eine Vergleichung mit dem freilich andersgearteten Geäst der meisten deutschen Mundarten nicht zu scheuen hat.

Nicht der Gunst der Verhältnisse, da wäre viel eher von Ungunst zu reden, sondern zunächst und vorwiegend der tüchtigen, zähen Kraft deutscher Art und Bildung in den baltischen Provinzen ist das zu verdanken. „Deutsche Sprach und Silbergeld kommen durch die ganze Welt" — *saksa-keel ja höbe-raha käib köik maailmas* — sagt ein estnisches Sprichwort. Die Erfolge, welche der niedersächsische Stamm in diesen Grenzlanden errungen, rechtfertigen es, dasz seiner Sprache solch ein Zeugnis ausgestellt wird und dasz er den Namen hergeben musz für das ganze Volk; denn *saks* nennt der Este den Deutschen. Eine kleine Anzahl deutscher Kaufleute, Ritter und Geistlicher wandert seit dem Ausgang des 12. Jahrhunderts ein; von dem Mutterland bald politisch getrennt, nur durch einen schmalen Streifen Landes, zu dem damals das Ordensland Preuszen mit seiner undeutschen Bevölkerung gehört, mit dem Hauptgebiet deutscher Sprache zusammenhängend, in langem, hartnäckigem Kampfe gegen die heidnischen Eingeborenen, in nothgedrungener, schwerer Abwehr von polnischen, schwedischen, ruszischen Einflüszen, konnte es dem kleinen Bruchtheil der Uebersiedler freilich nicht gelingen, die mitgebrachte Sprache zur allgemeinen Volksmundart zu erheben. Wer möchte daraus einen Vorwurf erheben?[1]) Viel eher ist die zähe Widerstandskraft und Ausdauer in Festhaltung des Angestammten zu bewundern. Nur bei einem Theil der Bevölkerung in den Städten, auf dem flachen Land in den Häusern der Gutsbesitzer, Prediger und Aerzte, erbt die deutsche Sprache noch jetzt in fortlaufender Reihe von Vater auf Sohn; viele lernen sie als fremde Sprache oder empfangen sie von solchen, die sie so erlernt haben. Die Landbevölkerung redet eine Sprache, die mit den indogermanischen nicht die geringste Verwandtschaft zeigt. Ein befremdliches Halb- und Mischdeutsch ist als Uebergang gar nicht zu vermeiden, ja, wo es uns begegnet, und wäre bei der mühsam in lallenden Lauten radebrechenden Magd oder Tagelöhnerin, aus naheliegenden Gründen willkommen zu heiszen.

Für die deutsche Jugend vereinigen sich die estnische Wärterin, der ruszische Kutscher, die französische Bonne, die Ueberbürdung der Schule mit sarmatischem Lehrstoff zu sprachverwüstender Wirkung. Nirgends mehr als hier scheint die Nothwendigkeit so dringend, die deutsche Muttersprache lehrend dem heranwachsenden Geschlecht zu überliefern, nirgends die Aufgabe des deutschen Sprachlehrers eine so nationale und heilige. Denn er vor allen hat die Aufgabe, hier der Mittler zu sein, der das richtige Verhältnis zwischen Dialekt und Büchersprache feststellt, der dafür bürgt, dasz jedes Wort, jede Form, jede Wendung, die, früh oder spät, auf deutschem Boden erwachsen ist, als solche erkannt und, wenn noch in Uebung, sorgsam erhalten werde, der sich und seiner Jugend einen gesunden Sinn zu bewahren und zu wecken hat für das, was in der Sprache organische Bildung und was äuszerlicher Ansatz und fremdländische Verunstaltung ist. Nur die wache Pflege des Zusammenhangs mit dem Mutterlande kann die schweren Hemmnisse überwinden, hat sie aber auch bisher siegreich überwunden, wie die Geschichte unserer deutschen Sprache in den vergangenen Jahrhunderten zeigt.

Die ersten Einwanderer kamen ins Land vorzugsweise aus Norddeutschland und Westfalen, mit norddeutscher und niederrheinischer Sprache zu einer Zeit, da es eine allgemeine hochdeutsche Schriftsprache noch nicht gab. Die Namen von vielen derselben laszen

---

[1]) Vgl. J. Eckardts Offenen Brief an Treitschke, Gelzers Protest. Monatsblätter 1865.

uns die Herkunft schon erkennen. Häufig begegnen uns die Colner, Sost, Unna, Cosfeldt, Lennepp, Blomberg, Lippe, Osenbrugge, Bremen, Verden; die Medebeke, Hagen, de Reno, Brochusen, Borg, Hanover, Duderstadt, Wernigerode, Brunswich, Lubeke, Schonenberg; die Utrecht, Güstrow, Sterneberg, Raszeborg, Plathe, Grimmen, Wolde (in Pommern). Das Hochdeutsche begegnet uns — abgesehen von der Alten livländischen Reimchronik, die einen zugewanderten Mitteldeutschen zum Verfaszer haben wird — zuerst um die Mitte des fünfzehnten Jahrhunderts in Verordnungen und Erlaszen der Bischöfe und Ritter, kam zu allgemeiner Geltung jedoch erst mit der Reformation und ihrer Bibelübersetzung Luthers. Die protestantische Religion wird mit ihr und durch sie zur Landesreligion, so dasz lange Zeit die hochdeutsche Mundart, nur in den Härten des obersächsischen Idioms durch die niederdeutsche einfache Lautverschiebung gemildert, aus dem Boden, welchem die kräftigsten und zartesten Impulse des menschlichen Gemüthslebens entspringen, ihre ausschlieszliche Nahrung zieht. Der Uebergang aus dem Niederdeutschen vollzieht sich in überraschend kurzer Zeit. Schon gegen Ende des sechzehnten Jahrhunderts motiviert Brandis seine hochdeutsche Herausgabe der Ritterrechte des Fürstentums Esten damit, dass „nunmehr in diesen Landen die hochdeutsche Sprache fast gemein und die liebe adeliche Jugend auch mit Fleisz dazu gewenet wird." Zunächst freilich gilt das nur von der Schriftsprache. In der Umgangssprache fuhr man fort, plattdeutsch zu reden, und noch bis in den Anfang unseres Jahrhunderts hinein [1]) war Plattdeutsch hierzulande bei nicht wenigen die Sprache, zu der man im vertraulichen Verkehr am liebsten griff, wenn auch der behagliche Hausrock bei besonderen Gelegenheiten mit dem hochdeutschen Festgewand vertauscht wurde. Paul Oderborns vier Predigten von dem Bogen Gottes [2]), 1591 erschienen, sind vielleicht die ersten gedruckten hochdeutschen Rigas, ihnen reiht sich Samsons Eingangs-Predigt vom Jahre 1608 an; 1615 erscheint das erste hochdeutsche Gesangbuch Rigas. In den Schreiben und Instructionen des Revaler Raths findet sich [3]) der Gebrauch der plattdeutschen Sprache noch bis zum Jahr 1561; in den mit den letzten 90er Jahren beginnenden Protokollen wird bereits das Hochdeutsche gebraucht. In Riga kommt bei den Schreiben des Raths die hochdeutsche Sprache schon vor 1561 in Anwendung.

Die Feuer des dreiszigjährigen Kriegs mit seiner für die deutschen Gauen grauenhaften Sprachverwüstung loderten uns nur aus der Ferne. Auch die verderblichen Wirkungen des folgenden Jahrhunderts fränkischer Ausländerei erscheinen, bis sie uns erreicht haben, abgeschwächt. Dagegen kommt beim Erwachen der klassischen Literatur im vorigen Jahrhundert die fruchtbare Verbindung mit Männern wie Hamann, Herder, Lenz, Kant, Hippel, Klinger, G. Merkel diesen Provinzen auch sprachlich zu gute.

[1]) Vgl. Wiedemann, Einige Bemerkungen etc.
[2]) Vgl. Gutzeit a. a. O., Einl.
[3]) Vgl. Fr. Bienemann, Briefe und Urkunden etc.

Frühe schon lenkt sich auch die Treue gegen den deutschen Sprachschatz auf mundartliche Sammlungen. Wir sehen Lindner, G. v. Bergmann (Sammlung livländischer Provinzialwörter), Fr. Conr. Gadebusch (Ergänzende Beiträge zu den Wörterbüchern von Frisch und Adelung, 1763 ff.), Jac. Lange (Deutsch-lettisches und lettisch-deutsches Wörterbuch, 1772—73. — Lange war geb. zu Königsberg 1711 und starb als General-Superintendent von Livland 1777), A. W. Hupel (Idiotikon der deutschen Sprache in Liv- und Estland, 1795. — Hupel war geb. 1737 zu Buttelstädt im Weimarischen, seit seinem zwanzigsten Jahr in Livland, von 1763—1804 Prediger in Oberpahlen, gestorben 1819 in Weiszenstein), J. C. Brotze (Bemerkungen, in Hupels Neuen nordischen Miscellaneen, 16. u. 17. Stück. — Brotze war geb. zu Görlitz 1742) in dieser Richtung thätig zu einer Zeit, da man kaum in Deutschland an ähnliche Versuche dachte; und wie rüstig sind seitdem Männer wie Wiedemann, Krüger, Hoheisel auf der eingeschlagenen Bahn vorwärts geschritten, und vor allen W. von Gutzeit, auf dessen Werk „Wörterschatz der deutschen Sprache in Livland" als einem wirklichen, werthvollsten Schatze etwas wie ein Widerschein liegt von dem der deutschen Sprache durch die Brüder Grimm errichteten leuchtenden Denkmal und den durch sie zu rüstigem Zusammenwirken aufgerufenen glanzvollen Leistungen auf dem Felde deutscher Sprachwiszenschaft und Dialektforschung.

Unsere Aufgabe, wie wir sie für die vorliegende Arbeit gewählt haben, ist eine eng begrenzte, nur die kurze Spanne der Gegenwart umfaszende: es soll versucht werden, den provinziellen Typus näher zu bestimmen, nach welchem die estländische Bevölkerung deutscher Abkunft heutzutage redet. Gegen die kleinstädtische Betrachtungsweise, als ob es bei dem Idiom einer Landschaft sich um etwas mangelhaftes oder gar um Fehler handele, brauche ich an dieser Stelle mich nicht erst zu verwahren. Eigenart ist immer ein Zeichen von Kraft. Dann aber hat nach Ursprung und Entwickelung das Deutsch der baltischen Provinzen eher gerade etwas von einem groszstädtischen Wesen an sich, wenn offenbar viele seiner Eigentümlichkeiten eben daraus zu erklären sind, dasz so viel verschiedenartige Elemente auf sein Werden und Wachsen eingewirkt haben.

Abgesehen von den Provinzialismen, die aus fremden Sprachen herübergenommen sind, vorzugsweise Bezeichnungen für nationale Verhältnisse und Gegenstände, wurde unsere deutsche Sprache von Anfang durch die Einwandernden mit den manigfachsten Dialekten Deutschlands in Berührung gebracht. Aus Ditmarsen und Bremen, aus Lüneburg und Westfalen, aus Braunschweig, Magdeburg, Pommern, Lauenburg strömten die Deutschen zu. Alle die so herübergetragenen Mundarten, unter denen die niedersächsische die herschende, hinterlaszen einen Niederschlag; auch als sie von der obersächsischen abgelöst worden, erhalten sich zahlreiche Spuren des Alten, die keineswegs wie Blattern dem Hochdeutsch zu Gesicht stehen, und ohne dasz eine allgemeine Volksmundart, wie in Deutschland, zur Seite geht, ist es auch in der Folge doch keineswegs die Schriftsprache allein, welche die Entwickelung bedingt. Als die Sprache nur eines Theils der Bevölkerung, und zwar des gebildeten, zeigt sich die Mundart, die sie redet, auch in der Folge den verschiedensten deutschen Ausdrücken und Wendungen, welches landschaftlichen Ursprungs sie immer sein mögen, oft blosz durch die mündliche Rede hieher übertragen, viel leichter zugänglich, als wir das bei irgend einem Gebiet des Mutterlandes selbst sehen. Aber auch die neuhochdeutsche Sprache hat ja als die allgemeine Schriftsprache ihren ursprünglich mundartlichen Charakter längst abgeschliffen und durch Eintausch werthvoller Elemente aus allen deutschen Dialekten sich universal gestaltet, so dasz auch unsere Berührung mit dem, was durch die Schrift von Deutschland uns zugebracht wird, uns wieder mit dem Ganzen deutscher Sprechweise in Verbindung erhält. Dasz manchmal eine einzelne Gegend, ein einzelner Stand, eine Familie, ja Person der Träger der Mundart ist, liegt in den Verhältnissen, über die wir uns leicht trösten mögen, wenn wir an die rohe Pöbel- und Gaszensprache denken, die, nichts weniger als mundartlich, die demokratische Kehrseite des anders gearteten Lebens in Deutschland bildet.

Jede Sprache hat den Trieb, fremde Ausdrücke und Formen von sich abzuhalten und, wenn sie ihnen dennoch Aufnahme verstatten muste, sie mit dem Eigenen auszugleichen. Fällt von ungefähr ein Wort in den Brunnen einer Sprache, so wird es, nach einem Ausspruche J. Grimms, so lange darin umgetrieben, bis es ihre Farbe annimmt und seiner fremden Art zum Trotz wie ein einheimisches aussieht. Die deutsche Sprache besitzt vor andern solche Kraft der Umprägung. Wer merkt noch das ausländische Gepräge an Wörtern wie Abenteuer, Arzt, Bezirk, Brief, Brille, Busch, Eichhörnchen, Eisbein, Erbse, Erzengel, Eszich, Fackel, Felleisen, Fenster, Flegel, Flöte, Frucht, Grenze, Hängematte, Kampf, Kette, Kirche, Kohl, Kopf, Korb, Körper, Kreuz, Küche, Kummer, Küste, Laks (Schlingel), Laune, Laute, Markt, Meerschaum, Meister, Münze, Murmelthier, Pein, Peitsche, Pfeil, Pferd, Pflaume, Pilgrim, Plätzchen (von Zucker), Preis, Säbel, Sack, Schleuse, Schöps, Schüszel, Segen, Seidel, Seife, Sichel, Speicher, Stieglitz, Strasze, Strausz, Teufel, Tisch, Uhr, Weichselzopf, Wildschur, Ziffer, Zins, Zoll, Zucker; falsch, fein, kurz, matt, nett, nüchtern; ansiedeln, dauern, fehlen, kosten, mauszen; oder gar an den mit unserer eigensten Flexion bekleideten Verben pfeifen, preisen, schreiben!

Nur in beschränktem Masze werden wir diesen Umbildungsprozess bei unserer Mundart voraussetzen dürfen. Dennoch finden sich Spuren, oft recht interessante, eigentümliche. Die fremden Sprachen, welche Einflusz geübt haben, sind die ruszische, estnische und schwedische, nur in sehr geringem Masz die lettische. Spurlos dagegen ist an unserer Mundart die vorübergehende Herschaft der Polen in Livland vorübergegangen.

Um mit den Entlehnungen aus dem Ruszischen zu beginnen,

mit dem auch ohne den von oben geübten Druck gegenwärtig die Berührungen immer allgemeiner werden, so sind unverändert aufgenommen [1]):

Agorodnik Gemüsegärtner, auch zuweilen der Gemüsgarten eines ruszischen Gemüsehändlers; man geht durch den Agorodnik, d. h. dessen Garten.
Allegri Lotterie, *it.*, doch bei uns indir. aus dem Rusz.
Arschín ruszisches Längenmasz von ungefähr anderthalb Ellen.
Artél freie Arbeitergenoszenschaft auf gleichen Gewinn, Genoszenschaft.
Artelschtschik das einzelne Mitglied einer solchen Genoszenschaft.
Balagán, *m.* eig. Barake, gew. Marktbude mit Sehenswürdigkeiten, wüstes Durcheinander von Volksbelustigungen.
Balalaíka, *f.* ruszische Mandoline von zwei bis drei Saiten.
Baschlí(q)k, *m.* die auch vom ruszischen Militär im Winter getragene, über den Nacken zu ziehende Kopfbedeckung, deren Enden um den Hals geschlungen werden.
Bérkowez (its), *n.* ruszisches Schiffspfund.
Bliní, *n.*, eig. *pl.* in der Pfanne mit ruszischer Butter gebackene Hefenkuchen aus einer Mischung von Weizen- und Buchweizenmehl.
Borawík, *m.* eine Art eszbarer Schwammpilz (*Boletus bovinus*).
Buffetschik, *m.* Buffetwirt.
Burlák, *m.* Schimpfwort für einen gemeinen, groben Kerl; eig. Arbeitskerl, namentlich an der Wolga.
Bútka, *f.* Schilderhaus.
Caesarewitsch, *m.* Thronfolger in Ruszland.
Czar, *m.* ruszischer Kaiser.
Denschtschik, *m.* Offiziersdiener.
Duma, *f.* Bürgerauschusz, Stadtverordnete in ruszischen Städten, deren Vorstand das „Stadthaupt".
Garnez (its) *n.* ruszisches Fruchtmasz (ein halbes Külmit).
Gorodowoí Polizeisoldat, eig. Städtischer.
Gríwenik, *m.* Silbermünze von zehn Kopeken.
Guszli Name eines ruszischen Gesangvereins in Reval; eig. Harfe.
Iswóschtschik, *m.* Droschkenkutscher.
Kabák, *m.* gemeine Kneipe.

Karaúl! Hilferuf, eig. Wache!
Kátorschnik, *m.* (gespr. *Katterschnik*) Sträfling, eig. ein zur *Katorga* d. i. Galere, dann über auch zu Bergwerks- oder einer anderen öffentlichen Arbeit Verurtheilter.
kátki entzwei; auch ins Estnische übergegangen.
Kiszél, *n.* beliebte Speise aus Kartoffelstärke mit einem Zusatz von Fruchtsäften, bei den Bauern ein saurer Mehlbrei.
Krépost, *f.* gerichtliche Verschreibung, Rechtsurkunde, Abgabe von Veränszerungen des Vermögens; häufig in den Zusammensetzungen *Krepostabgaben*, *Krepostakten*, *Krepoststempelpapier*.
Krészla, *m.*, eig. *pl.* Lehnstuhl; bei uns Bezeichnung für den aus dünnen Stäben gemachten langen Korb auf Schlittensohlen, wie er als Bauerschlitten dient.
Kulítsch, eine Art ruszischer Osterkuchen.
Kumýs, *n.* Stutenmilch.
Kwas, *m.* gegorenes säuerliches Getränk aus Roggenmehl mit einem Zusatz von Malz.
Muschík, *m.* ruszischer Bauer.
Nalíwka, *m.*, eig. *f.* Fruchtliqueur.
Natschálnik, *m.* Vorgesetzter einer Behörde.
Óbras, *m.* Heiligenbild mit brennender Oellampe davor.
Obrók, *m.* Abgabe, Steuer.
Okládl, *m.* Kategorie der Kopfsteuerzahlenden, *Okladist* das Mitglied einer solchen.
Pajók, *m.* Deputat der Militärpersonen, Monatslohn der Hofsknechte an Kleidern und Nahrungsmitteln.
Papyros, *f.* Papiercigarre, Cigarre in Papierhülse.
Pascha, eine Art ruszischer Osterkuchen aus gekästerer Milch mit Rosinen.
Podoróshna, *f.* Schein einer Behörde zu obligatorischer und billigerer Beförderung mit der Extrapost.
Podrád, *m.* Uebernahme eines Baues; scherzhaft: Vergnügungsfahrt mit vielen Theilnehmern auf gemeinsame Kosten.
Podrátschik, *m.* Bauunternehmer, Baulieferant.

---

[1]) Die Wörter, welche häufiger gebraucht werden oder ausschlieszlich in Geltung stehen, sind gesperrt gedruckt.

Póschlin, f. Stempelabgaben.
poschól fort! bes. beim Zuruf an den Kutscher, die Pferde in Gang zu bringen.
Priprash Seitenpferd, Beipferd, gew. in der Zusammensetzung *Priprashpferd*, *Pr.* fahren.
Progón, m. Meilengeld für Postpferde.
Pud, n. Gewichtsbestimmung für 40 rusz. Pfund.
Quartálnik Stadttheilsaufseher.
Roswál Schlitten mit Sohlen aus gespaltenem Eichenholz.
Samowár, m. ruszische Theemaschine, eig. Selbstkocher.
Sastáwa, f. Maut.
Solotník, n. kleiner Gewichtstheil, der dritte Theil eines ruszischen Loths.
Spítschki, n., eig. pl. Zündhölzer.
Stambúlka, f. türkische Pfeife mit Wasserbehälter.
Stérlet, m. eine leckere Art des Störs.
Stórosh, m. Behördendiener.
Stórost, m. Aeltester in ruszischen Gemeinden.
stof Halteruf für Pferde.
Swaika eine Art Pfahlspiel.
Tamóshna, f. Zollbehörde, Zollgebäude.
Tarantás, m. eine Art Wagen.
Tómbola, f. Lotterie mit dem Glücksrad.

Torg, m. Gerichtlicher Termin zum An- oder Ausbot, *Peretorg* der zweite Termin.
Trakt, m. Post- und Eisenbahnroute.
Traktier, oft französiert *Trakteur*, m. Speisewirtschaft.
Trewóga, f. Reveille, Alarm.
Troika, f. Dreigespann.
Tschemodán, m. Lederkoffer.
Tschétwert, n., *Tschetwerík*, n. Hohlmasze für trockene Gegenstände.
Tschibúk, m. Türkenpfeife.
Tschin, m. Rang.
Tschinównik, m. abschätzige Benennung eines hyperloyalen Beamten.
Tschochól Ueberzug über eine Mütze, Degenkoppel, einen Hut u. dgl.
Tschugún, Guszeisen.
Twaróg, m. gekäste Milch, Quark.
Ukás, m. Kaiserlicher offener Befehl.
Upráwa, f. Verwaltung bei ruszischen Behörden.
Wasók, m. geschloszener Schlitten.
Wedró Hohlmasz für Flüszigkeiten, 10 bis 12 Stof haltend.
Wotlok gewalzte Schafwolle.

Dazu kommen die Redensarten *winowát* schuldig, wenn einer sich reumüthig zu einer Uebelthat bekennt, *nitschewó* macht nichts, thut nichts.

Können für unser Ohr die angeführten unverändert oder nur leise verändert aufgenommenen Ausdrücke ihren fremdländischen Ursprung nicht verbergen, sondern werden eben als Eindringlinge leicht erkannt, denen stets etwas fremdartiges anhaftet, so dasz viele derselben auch durch die entsprechenden deutschen Ausdrücke ersetzt werden [1]), andere, wie *winowat*, *nitschewo*, im Munde von Deutschen nur scherzhaft gebraucht werden, so ist anderen zwar nicht Bürgerrecht zuerkannt worden, aber wir haben sie irgendwie unserem Ohr und unserer Zunge annehmbarer und geläufiger gemacht. Bei der seit anderthalb Jahrhunderten vollzogenen Vereinigung dieser Provinzen mit Ruszland gilt die Verdrängung der deutschen Bezeichnungen und die unveränderte Aufnahme ruszischer Wörter natürlich vorzugsweise von den Münz-, Masz- und Gewichtsbezeichnungen sowie von einzelnen offiziellen Ausdrücken ruszischer, d. h. sogenannter „Krons"-Behörden. Doch begegnet uns selbst hier neben *Pud* und *Solotnik* das bekannte „Pfund" und „Lispfund" (20 Pfund), neben der ruszischen *Arschin* die deutsche „Elle", neben *Werschock* der kleinere „Zoll", und das „Lof", die „Tonne" sind übliche Hohlmasze.

---

[1]) Bei den Namen für gewisse ruszische Versicherungs- und Transportgesellschaften, wie *Dwigatel* (eig. Beweger, *motor*), *Jakór* (eig. Anker), *Nadiéshda* (eig. Hoffnung), sind natürlich die ursprünglichen Bezeichnungen üblich, ohne dasz eine Verdeutschung der appellativischen Ausdrücke stattfindet.

Wir führen demnächst eine Reihe der vorzugsweise gebrauchten mehr oder minder umgeänderten Wörter an:

Ambáre Scheune, Waarenschauer im Hafen.

Bdhchen (estn. popp, g. popi) Fuszknöchelchen vom Kalbe, welche bei einem gewissen Spiel aufgestellt werden, um mit anderen nach ihnen zu werfen.

Baranchen Vlies der sibirischen Lämmer.

Britschke eine Art Wagen.

Bútotschnik, gesprochen *Butterschnik*, Schilderhäusler.

Datsche Landhaus.

Dessätine Ackermasz von acht Lofstellen.

dujen (dutj blasen, wehen) von Pferden, schnell laufen.

gulaien (gulatj) bummeln.

Gáshen gewisse Riemen am Pferdegeschirr.

Kalatsche eine Art Backwerk.

Karbatsche aus Riemen geflochtene Hetzpeitsche.

kataien (katatj spazieren fahren) lustig in Saus und Braus leben.

Kibttke halbverdeckter Schlitten.

Kipe Haufe, Schwitzhaufe, von Taback, *rusz. kipa* Ballen, Packen.

Knute Riemen- und Knotenpeitsche.

Kopeken, m. (rusz. kopeika f.) Münze, Hunderttheil eines Rubels.

kraien (kratj), krabaien stipitzen, fein und listig Kleinigkeiten stehlen.

Krischke Deckel über der Röhrenöffnung eines Ofens oder Schornsteins.

Kruschke Hohlmasz für Flüszigkeiten, ein Stof haltend.

kuláken mit Faustschlägen hauen.

lamaien (lomatj) zerstören, ruinieren.

Lodge Lichterschiff.

Majáke, f. Leuchtturm.

Manischke Vorhemdchen.

Maróshne, (r. moroshnoje) Gefrorenes, à la glace.

Matschalken ausgefaserter Lindenbast.

Mu(o)skobade Koch- und Sandzucker.

Palate Abtheilung einer Gerichtsbehörde.

Pirogge Pastete.

Plesche Glatze.

Plette (plesti flechten, *gr. πλέκειν, lat. flectere)* Peitsche, aus Riemen geflochten.

Ploschke Krüsel, irdene Thonlampe, wie sie z. B. bei Illuminationen gebraucht werden.

Podwodde Fuhr in Kronsangelegenheiten; Spanndienst, welcher der Krone zu leisten.

Poluschke Viertelskopeken.

Pope Geistlicher der ruszischen Kirche.

promotaien (promotatj) vergeuden, meist verpromotaien.

Pruszake Schabe *(Blatta orientalis; Blatta germanica)*, eig. Preusze, *estn. saks* d. h. Deutscher, von den Schwaben „Rusze" genannt.

pugain c. acc. (pugatj) bange machen.

rabotnien (rabotatj) arbeiten, sich abarbeiten.

Ragáshen Lindenbastmatten.

rospissanienmäszig von Pferden auf Poststationen, der vorgeschriebenen Anzahl entsprechend.

Rossólje Vinaigrette, *ital. rossoglio*, in Oestreich Liqueur bezeichnend.

Rubel Münze im Betrag von 3 Mark 25 Pfennigen.

Salogge zu hinterlegende Caution.

Sáshen (sashénj) Fünfhunderttheil einer Werst.

skaljieren (skalitj) spotten, höhnen) raisonnieren.

Skirde Stroh-, Heu-, Kornhaufen.

Slobóde Vorstadt, Vorstadtstrasze.

Turakdne Schabe, *Blatta orientalis.*

Telége, besonders als *Posttelege*, eine Art kleiner einfacher Wagen.

Tscharke Hohlmasz für Flüszigkeiten; Schnapsglas.

Tschulane Bretterverschlag.

Bei den meisten der aufgeführten Substantiva besteht die Veränderung darin, dasz das ruszische auslautende *a* in ein tonloses *e* verwandelt wird *(Krischke, Kruschke)*, bei anderen darin, dasz tonloses *e* oder *en* angehängt wird *(Majake, Kopeken)*, bei noch anderen darin, dasz die ruszische Endung abgeworfen oder durch Wechsel des Tons der deutschen Sprache angepaszt wird *(Rubel, Sashen)*. Bei den Verben findet sich besonders häufig die Endung *aien*, die, wie Gutzeit richtig bemerkt hat, in den Ostseeprovinzen bei ruszischen Zeitwörtern vielfach die deutschländische Endung *ieren* bei den romanischen Entlehnungen vertritt. Dasz auszerdem bei allen dem Ruszischen entnommenen Wörtern die spezifisch slavischen Gaumen- und weichen Zischlaute fallen gelaszen werden, bedarf nicht erst der Versicherung.

Bei der Redensart *in die Klabatsche kommen* mag rusz. *chlopota* und die deutsche „Patsche" gleichermaszen eingewirkt haben. An der *Rüszin* hat sich ein deutsches Sprachgesetz vollzogen. Die rusz. *Werst*, Siebtelmeile, hat wenigstens deutsche Pluralendung *(e)* und in *Werstpfahl, Werstpfosten* deutsche Nachbarschaft gefunden. Von *Pud* wird in Zusammenstellung mit Zahlen das *adj. pudig* gebildet: *vierzig-, funfzig-, hundertpudig*. Die *Tschernamoren*, Schwarzenmeerschen, sind zu einer in bürgerlichen Kreisen häufigen euphemistischen Bezeichnung der Adelichen geworden. Ruszischen Wendungen entsprechen die Redensarten *Was nicht ist*, das Berliner *is nich*, und *ich weisz schon nicht*. — *Burkane (Daucus Carotta)*, estn. *porgan*, ist zusammenzustellen mit r. *burak* Runkelrübe, Bete, poln. *bórak, burak,* czech. *borák, burak* Borretsch, *mlat. borago,* gr. πονράκιον, mhd. *porretsch, purretsch,* ital. *borrágine,* frz. *bourrache,* mit Uebergang der Bedeutung von Borretsch in die der Bete und Burkane. Auch *Struse*, wie die groszen aus Brettern roh zusammengezimmerten Fahrzeuge heiszen, welche im Frühjahr dünaabwärts die Waaren, besonders Flachs, führen, gehört hieher, r. *strug, pl. strugi*, angeblich wegen der Aehnlichkeit mit *strug* Langhobel, verwandt mit poln. *strúga* Gieszbach, *strugá* Strömung, *struitsa* strömen, *stremitsa* vorwärts streben, wie denn der Anlaut *str* im Slavischen auch sonst auf ein Vorwärtsdringen deutet.

Slavischen Ursprungs ist endlich auch *Klete*, ursprünglich = kleines Haus, Kammer. Das Wort findet schon frühe bei den Niederdeutschen Aufnahme, wohl vermittelt durch den hanseatischen Verkehr mit Alt-Nowgorod. Bereits zu Ende des 13. oder Anfang des 14. Jahrhunderts heiszt es in der Lübecker *Skra* für den Hof der Deutschen zu Nowgorod: „un so sal de olderman un de ratmanne mit deme klegere vor sin clet gan, dar sin gut inne ist" (Sartorius, Urkundliche Geschichte des Ursprungs der deutschen Hanse *ed.* Lappenberg II, 200), und so öfter in den Skraen des 14. Jahrhunderts (a. a. O. II, 269. 272. 354). *Potclet* heiszt da stehend (Pott = Topf, Gefäsz) die Trinkstube, Schenke, der Speisesaal; *klet* also ursprünglich = weiter Raum, woraus sich dann die gegenwärtige Bedeutung von „Scheune, Kornspeicher" entwickelt hat, wie auch im *lett. klehts*. *Kletenkerl* ist gegenwärtig der Empfänger und Ausmeszer des Getraides auf Gutshöfen.

Zuweilen läszt sich beobachten, wie zwischen einem neueindringenden ruszischen Ausdruck und dem entsprechenden deutschen ein Kampf entsteht, der nach kurzer Zeit mit der Niederlage des einen Nebenbuhlers endet. So versuchte in Reval während der ersten Wochen nach Eröffnung der nach Petersburg (im Rusz. beiläufig ohne s) führenden Baltischen Bahn sich die hauptstädtische sinnlose

Bezeichnung „Vauxhall" für den Bahnhof einzunisten, bis der deutsche Ausdruck dann die Oberhand behielt.

Das Schwedische hat, den gewaltsamen Bemühungen gegenüber, welche die schwedische Krone anderthalb Jahrhunderte hindurch (in Estland von 1561 bis 1710) auf die Einführung ihrer heimischen Einrichtungen auf allen Gebieten unausgesetzt gewandt hat, auf die Gestaltung unserer Mundart einen nur sehr geringen Einflusz geübt. Von Namen erinnern an jene Zeit die *Christinenthäler* unweit des Obernsees, die estnische *Karlskirche*, der *Douglasberg* auf dem Dom. Unverändert aufgenommen ist *Buldan* (grobes Segeltuch) und *Flicka* (kleines Mädchen, Backfisch). Dagegen ist aus *besman* schon frühe *Besmer* geworden (Sartorius a. a. O. II, 12. 312. 425. 494 führt bereits an *besemer, bisemer, bysmer)*, die aus einem Stab mit bleibeschwertem Kolben bestehende Schnellwage, die an einem Bindfaden im Gleichgewicht gehalten wird, um die Last zu bestimmen; r. *besmen, dän. bismer, holst. Besemer;* Fiebel Drüsenkrankheit, Mandelanschwellung bei Pferden, *hd.* Feibel, Feifel, *schw. fibel*; *unterköt(t)ig* unter der Haut von Eiter durchfreszen, weist zurück auf *kött* Fleisch, *nd. küt*, womit als Bezeichnung des Weichen im Gegensatz zu Knochigem auch die bei *Grimm V*, 1886 angeführte *Köte* = Geschwür, sowie *Koder* (Doppelkinn) zusammenhängen dürfte. Darauf führt auch die Bedeutung von *Küt* = Fischrogen, während die bei Gr. vorausgesetzte von „Eiter", wenn überhaupt zu finden, erst abgeleitet sein wird. *Unterköt(t)ig, nd. unnerkütig* heiszt eine entzündete Stelle am Körper, wo sich unter dem Fleisch verdorbene Säfte angesammelt haben. — *Schnol, schnolen* gierig, lüstern sein, vorzüglich nach Speisen, ist *schw. snål* gierig. — *Kausche* der platte eiserne Ring, dessen äuszerer Rand wie eine Rinne hohl ist, damit er in ein ihn umfaszendes Tau ösenartig eingelaszen werden kann, entspricht dem *schw. kouse*. *Rauke* Kornhaufen, die zwischen Stäben zum Trocknen aufgeschichteten Feldfrüchte — ist stammverwandt mit *schw. råga, isl. hruga* aufhäufen, woher auch *estn. rouk* Haufen, Schober von Feldfrüchten. — *Riege* die Dresch- und Darrscheune, das zum Dreschen aufgesteckte Korn, auch ins Lett., Lit. und Rusz. übergegangen, — in zahlreichen Zusammensetzungen: *Hofsriege, Bauerriege, Vorriege, Heizriege, Doppelriege, Riegenkerl, Riegensieb* — *estn. rehi, rei*, ist *schw. ria* Darre, von dem gleichlautenden *ria* dörren. — *Schnickern* schnitzeln, unnütz schneiden, den Hof machen, die Cour schneiden — ist *schw.* snickra Tischlerarbeit, Schnitzarbeit verrichten. — In *Palte* Blutkuchen *(palt* Blutwurst) und *Burke* Glas für Eingemachtes *(burk* Dose, Häflein) ist die Endung *(e)* hinzugekommen. *Bresenien*, auch *Bresinien, Bresengen, Bresinger, Bresenning*, neuerdings *Bresente, estn. prözing*, getheerte od. gepichte Leinwand, ist das *schw. Presenning*.

Von estnischen bzw. lettischen Wörtern stoszen wir vorzüglich auf solche, die sich auf Beschäftigungen beziehen, welche den Nationalen unter uns zufallen. Zum Theil haben auch sie die fremde Form vollständig erhalten. Wir führen an:

Drat als Bezeichnung des Teufels in den Redensarten *Weisz der Drat, hols der Drat, zum Drat, der Drat (trat der Hoher,* der altdeutsche Markolf, Markwart *Garrulus glandarius,* der, wie schon die letztere Bezeichnung lehrt, in alten Zeiten mit göttlichen Eigenschaften ausgestattet, sich später es hat gefallen laszen müszen, unter die dämonischen Wesen versetzt zu werden, ganz so, wie in Deutschland sein Leidensgefährte, der Kuckuk).
Fischermai der estnische Begräbnisplatz bei Reval *(maja* Haus).
huits Scheuchruf für Schweine.
Kaddak Wacholder *(kadakas),* livl. und ostpr. *Kaddik, lett. kaddikis, lit. kadagys, finn. kataju, böhm. kaddik.* Die Halbdeutschen heiszen *kaddakasaksat.*
Karjajak einheimischer, schlechter Bauertaback *(kari, g. karja* Herde, *jak* Name).
Karjakrants dunkelfarbiger Schäferhund mit weiszen Halsstreifen *(kari* Herde, *krants* Hund).
Käck Blutklosz, gewöhnlich „Palten" genannt.
Käss Netz zum Tragen von Heu.
Kelk kleiner Rutschschlitten, *schw. kälke.*
kicki! kicku! Ausruf derer, die sich versteckt haben, um die Suchenden auf sich aufmerksam zu machen, in Heszen *zippi!*
kis! kis! Ausruf der Verspottung und Schadenfreude, = ätsch! ätsch!
kiz, kiz! oft statt dessen *kiso, kiso!* Lockruf für Katzen.
Kojamutter „Hausweib", Hausaufseherin *(koda, g. koja* Haus).
Kõllu(o)mats die allen Kindern in Estland bekannte mythische Schreckgestalt *(koll* Popanz). Sollte ein Zusammenhang bestehen mit dem alten deutschen *Kol,* das Hildebrand in Grimms *Wb V,* 1614 unter dem als selten und beachtenswerth angeführten Worte *Kolkropf,* das Luther wiederholt braucht, mit der Bedeutung „Kobold, Spukgestalt" vermuthet?
Kosch Name eines vielbesuchten Landsitzes bei Reval *(kosk* Fluszdamm, Stromschnelle).
krikat! schallnachahmend von zerbrechenden Sachen.
Kribbo(u) empfindlicher, eigensinniger Mensch *(kribu, nd. kripp-kopp).*
Kubjas Aufseher bei der ländlichen Arbeit, Frohnvogt.

Kul Gewicht von etwas mehr als einem Pfund.
Külmit Drittheil eines Lofs *(küll* Saat, *möt* Masz).
Kurat Schimpfname, eig. Teufel.
Kurni (kurn, g. kurni kleines cylinderförmiges Holzstück; *kurnijas* zugespitzt) Klötzchen zu einem Gesellschaftsspiel, von denen an zwei gegenüberliegenden Seiten auf abgegrenzten Linien je sechs pyramidenförmig aufgetürmt werden, um aus einem bestimmten Umkreisz mit Knitteln darnach zu werfen. Auch das Spiel selbst wird *Kurni* genannt.
küssu! küssu! meist mit erweichtem *s*-laut *kuschu! kuschu!* beschwichtigender Zuruf für kleine Kinder, wenn sie gewiegt und eingeschläfert werden.
Küttis Erdschwelen durch Abbrennen des trockenen Strauchwerks auf gerodetem Lande, wie auch das aus Strauchwerk und Rasen aufgehäufte Material und das gebrannte Land selbst. Davon das *verb. kütten* Land durch *Küttis* fruchtbar machen, und Zusammensetzungen wie *Küttisacker, -haufen, -holz, -land, -strauch* etc.
Laps Kind.
Ma-murak Knackelbeere *Fragaria collina.*
magus jutt süszes Geplauder, besonders das in die Länge gezogene Vorzimmergeplauder beim Abschied nach einem Besuche.
Nabber Garbenhaufe (auch *lett. nabber, e. nabr; napa* Stroh).
pai machen kosend streicheln; *Paikind* liebes Kind *(pai* lieb, teuer).
Pindik Bündel, Knirps *(pind* Splitter, Stäbchen).
Poiso kleiner Junge.
Puddi Kinderbrei, Eingebrocktes. Die ersten Patengeschenke an kleine Kinder sind der *Puddilöffel* und das *Puddinäpfchen. Puddipaddi* Mischmasch; *Puddipaddikram* das Durcheinander von werthlosen Kleinigkeiten, Krempel, Plunder.
Pulk Pflock, *per metathesin* aus *nd. pluck.*
Pun das auf Morästen über dem Eis gemähte Schilfgras oder das vom Meere ausgeworfene Schilf- und Binsenwerk, das als Streu dient.
puts! Hetzruf für Hunde.
Raib Schimpfname, eig. Aas *(raibe).*
Reddel Leiter, Raufe im Viehstall.
Reggi gröszerer, aus Zweigen geflochtener Bauerschlitten, der auf einer einfachen Schleife liegt.

Seppik mit Hefen gebackenes, nicht gesäuertes Brot aus Weizenmehl.

Sulg(k) der Säuglingen in den Mund gesteckte Lutschbeutel (*sulguma* verstopfen, schlieszen, sperren, *sulg* Verstopfung), Zulp.

Sulp die mit Häcksel vermischte, als Viehfutter verwandte Schlempe.

Talkus bäuerliches Erntefest.

Tallituya Gemeindevorsteher.

Tännaw Zaungaszc, Weg zwischen hohen Zäunen.

tíbo! tíbo! Lockruf. für Hühner.

Titti, Titta ganz kleines Kind (*titt* Puppe).

Torru-pill Dudelsack (*torru* Röhre, *pill* Pfeife).

tpru! Halteruf für Pferde.

Tumm Hafer- oder Gerstenschleim, und davon *Tummsuppe, tummen, abtummen* sämig machen, *tummig, tumm* (von *tume* unklar, dumpf, trübe, dunkel).

Mehr oder weniger verändert worden sind:

glucksen aufstoszen beim Schlucken (*kluksuma*).

Gubbe, f. kleiner Heuhaufen, „Sade", „Nabber" (*kopp-lat* das Holz, mit dem feines Heu auf den Schober gebracht wird; *kubu* Bund).

Halge, f. Holzscheit (*halg*).

jorren weinerlich reden (*jorrima* einen wirren Ton von sich geben, umständlich sprechen, mit singendem Tone lesen).

Kalzen, pl. Fetzen, Lumpen (*kalts*). Eig. die bei den finnischen Völkern des Alterthums statt der Hosen dienenden Strumpfschäfte aus Renthierfuszfellen.

Kause, f. Schale, Napf, Schüszel (*kaus*), auch *Kaus m., Kauschen n., lett. kausis, kausinsch,* bei *Chytr. koweeken.*

Küse, f. Kaulbarsch (*kisk, g. kiza*).

koljen, umkoljen kramen, umziehen, die Wohnung wechseln (*kolima.* Die Nomaden heiszen *kolija rahwas* Umziehleute, Wandermenschen). Da *koli* im Estnischen Gepäck, Kram, Bagage bedeutet, so ist der fremdländische Ursprung des Wortes unzweifelhaft und der Gebrauch desselben in der angegebenen Bedeutung nur durch das Estnische vermittelt. Jedenfalls liegt es aber näher, an Colli zu denken, als etwa, wie vermuthet worden ist, an *nd. umkulen =* rajolen, die Erde umgraben, zusammenhängend mit *Kule* die Grube.

Korde, m. der abwechselnd, der Reihe nach kommende Frohnarbeiter (*kord, kordus* Reihenfolge, Abwechselung, Ordnung, Wiederholung).

wouta Hetzruf für Hunde: Pack an! Nimm! (*woutma* nehmen).

Zweifelhaft ist mir die Herübernahme aus dem Estnischen bei *Dojan* und *kusch. Dòjan* Dummerjan, Schöps — könnte vielleicht mit *togu g. togu, tou* einfältig, pinselhaft, Tropf — zusammenhängen; oder ist an das sinnverwandte *nd. dogen* dulden, sich gefallen laszen — zu denken, so dass *Dojan,* aus *Dogjan* entstanden, einen Jan, Michel bedeutete, der sich alles gefallen läszt? — *Kusch* wird als Ausruf und als *adj.* (*sei kusch! sich kusch verhalten*) gebraucht. Es liegt nahe, an *frz. couche!* zu denken, doch näher liegt *nd. koes* still, ruhig, auch aus einer Interjektion entstanden, *estn. koss, lett. kuschinaht* still sein, *lit. kuszeti* leise reden, *nd. kuzen* knuzen, *e. husch.*

Korde, f. der abwechselnd, reihum verrichtete Gehorchdienst; zur *Korde sein* Wechselgehorch leisten. Ed. Pabst führt aus dem Schragen der Revalschen Schmiedegesellen von 1597 den Ausdruck an *mit der Korden umme* nach der Reihe herum. Da hat *Korde* ganz die ursprüngliche Bedeutung „Reihenfolge".

Korde, f. die zur Besorgung des Hofviehs von den Bauern der Reihe nach gestellte Magd, die Gehilfin des s. g. „Viehweibs" oder der „Viehmutter"; dann überhaupt die zu Hofsdiensten gebrauchte Bauermagd.

korden zum zweiten Mal, vor der Saat, den Acker umpflügen (*kordama* die Reihe halten, wiederholen); daher *Kordpflug* das zweite Pflügen, im Gegensatz zum erstmaligen Pflügen, dem Brachpflug.

kriksen knarren, quieken (*kriksuma*).

krobbelig von der Brotrinde, rösch, knusperig (*krobe*).

Kuje, f. Haufen, Feime, Schober (Heu, Stroh, Getraide), norddeutsch Hocke, Haufe im Feld aufgestellter Garben (*lit. kugis* auf der Wiese stehender groszer Heuhaufen, *estn. kuhi, g. kuhja*).

Küllachen Lieber, Bester, Dimin. zu *kullas* hold, lieb, verwandt mit *kuld* Gold.

Kupitze der zur Bezeichnung der Grenze aufgeworfene Erdhügel oder Steinhaufen (*kupits, lett. kuppizze,* poln. *copiec* Kuppe, Koppe). Da das Wort

auch bei den deutschen Colonisten an
der Wolga gebraucht wird, ist es uns
offenbar nur indirekt durch das Estnische vermittelt.
Latere,f., meist im pl. *Lateren*, Pferde-
stand im Stalle *(latar)*.
lorren plappern, schwatzen *(lorrima)*.
Naten pl. die als Ersatz für Spinat
verwandten Blätter des Geiszfuszes *(nat,
pl. nadid* Giersch *Aegopodium Poda-
graria).*
nilken langsam saugen *(nitkima)*.
nirken kurzen Trab laufen *(nirkima)*.
paien liebkosend streicheln (von *pai*
indeclin., gut, lieb).
Pull(en), m., *Mistpall(en)*, *Pflanzenpall(en)*
Treibbeet, Mistbeet *(palla* Hitze).
Palten, m. Blutklosz *(palt*, vom schwedischen *palt).*
Passimutter, f. Aufwärterin *(passima*
aufpassen).
Passel, Pastel, m. Bauerschub *(pastal,
pastel, passel,* nicht genuin estnisch
und wohl mit Bast zusammenhängend).
Pergel, m. Kienspan, Schindel, vielleicht
zusammenzustellen mit *schweiz. Pergel*
Kienbaum *(perg).*
pirren weinen, greinen, quarren, häufig
in der Zusammensetzung *Pirrlise* Quärr-
thrine, Plärrlise *(pirima).*
Pulkajunker, m. scherzhaft für einen
dummen, eingebildeten Junker.
pulkern, *pulkerig* pfuschen, ungeschickt;
eig. mit dem Kerbholz zählen, unge-

schickte, klotzige Arbeit verrichten,
wie *nd. pluggen* (*pulk* Pflock, Kerbholz, *nd. plugge).*
Pütze. f. Bütte, Waszereimer *(püts).*
Ranken, pl. Kummethölzer, ein Theil
des Pferde-Halsgeschirres *(rang*, pl.
rannid).
Sade, f. kleiner, ein Fuder haltender
Heuschober *(sad).*
silken tropfen *(silkuma).*
Silme, f. das tief ins Land einschnei-
dende und dort sich ausbreitende See-
waszer *(Silm* Auge, Loch, Schleuse,
Meeresarm, schmale Meerenge und die
tiefste Stelle in derselben).
solkern plantschen, sudeln *(solkima);*
subst. *Solk* Spülicht *(solk).*
ticken nach dem Weinen krampfhaft
schluchsen *(tiksuma).*
tilken, tilksen tröpfeln *(tilkma*; auch bei
Fr. Reuter „tilkt" es von den Dächern).
verlagonieren trs. verderben *(laguma,
lahkuma* verfallen, sich trennen, auseinandergehen).
Warbe, f. Leitersprosze *(warb).*
Das uralte *Wackenbuch,* die Gehorchs-
ordnung, das Persoualbuch unserer
Urkunden, in welchem die zu leistenden Frohnen verzeichnet stehen, ist
von *wakk* Korb (und das, was in diesem an Naturalabgaben zu liefern ist,
Scheffel) abzuleiten, während Hupel
sich an die doch wohl erst über-
tragene Bedeutung „Gebiet, Bezirk"
hält.

Wenn trotz der über fünf Jahrhunderte bestehenden engsten
Berührung von Deutschen und Esten die Anzahl der von diesen
entlehnten Wörter verhältnismäszig so klein ist, hat das seinen Grund
in der socialen Stellung des Siegers zum Besiegten, des vielhundert-
jährigen Herrn zum Knechte, des höher entwickelten Culturvolks
zum unentwickelt zurückgebliebenen Stamm. Vorzüglich, wie schon
erwähnt, beziehen sich die Entlehnungen auf solche Gebiete, welche
in der Regel dem Esten als Arbeiter oder Wärter anvertraut sind,
wie die Ackerbestellung, die Küche, die Kinderstube, den Hofsdienst.
Ueberschaut man dagegen den Wörtervorrath der estnischen Sprache,
so ist die Zahl der Entlehnungen dieser finnisch-ugrischen Sprache
aus dem Germanischen Legion. Wo die Formen nicht unverändert
oder nur unmerklich geändert aufgenommen sind (zuweilen sind sie
allerdings auch arg entstellt: aus Grünspan, Spangrün ist *prans-kür*,
aus Bankrott *prant-kott*, aus *Unguentum Aegytiacum — Jacum*, aus
Tschetwerik *werik,* aus Dessätine *tin* geworden), was vorwiegend von
den späteren, modernen gilt, da ist der meist niederdeutsche Stamm,
und zwar im westfälischen Idiom, das also hierzulande vorwiegend
gesprochen sein musz, nach den bestehenden Lautgesetzen umgestaltet, der estnischen Flexion unterworfen worden. Bei vielen Formen,

wo nämlich die hochdeutsche und niederdeutsche Gestalt oder Aussprache von einander abweichen, läszt sich an den betr. estnischen Wörtern erkennen, ob sie in früherer Zeit, solange noch Plattdeutsch die Sprache der Gebildeten im Lande war, oder später aufgenommen sind. Bei anderen, wie *kuningas* der König, wird klar, dasz die Einwirkung des Germanischen auf die estnische Sprache schon eine sehr frühe, über die Zeit der germanischen Einwanderung in diese Lande noch zurückreichende ist. Thomson (Ueber den Einflusz des Germanischen auf die finnisch-lappischen Sprachen, aus dem Dänischen deutsch von Sievers, *p.* 167.) nimmt eine Berührung mit altnordischen Stämmen in weit entlegenen Jahrhunderten an, und jedenfalls ist bemerkenswerth, wie auszerordentlich gering die Zahl der genuin estnischen Wörter ist, beschränkt auf ein verschwindend kleines, jeder Spur von Cultur entrücktes Gebiet, so dasz die Kenntnis nicht blosz von Hausthieren, Culturpflanzen, geregeltem Landbau, sondern auch von den einfachsten Hauseinrichtungen, Waffen, Kleidungsstücken etc. erst durch germanische bzw. slavische Einwirkungen vermittelt erscheint [1]).

Für die Umgestaltung gelten einzelne Regeln, welche stark an die Gesetze erinnern, wie sie für das Verhältnis von Hochdeutsch und Niederdeutsch bestehen. Vorausgeschickt musz werden, dasz die *mediae*, *f (v)*, *h*, *k* vor *w*, *z* im Anlaut fehlen, *sch*, das im Niederdeutschen sich nur vor Vocalen findet und vor *r*, dagegen vor *l*, *m*, *n*, *w* in *s* übergeht, im Estnischen vollständig fehlt. Die *media* geht in die entsprechende *tenuis* über *(poll* Bolzen, *püks* Büxe, Hose, *pat* Boot, *tenima* dienen, *tock* Docke, Puppe, *rukis* Roggen, *kild* Gilde, *kurk* Gurke), selten umgekehrt *(kubar* Kupfer, *sadul* Sattel), *f (w)* wird *p (praua* Frau, *prukost* Frühkost, *pene* fein, *plack* Fleck, *pöld* Feld, *kaup-mes* Kaufmann, *pastuma* fasten) bzw. *w (w oder* Futter, *werand* Viertel — die Cardinalzahl ist *neli* —), *sz* wird *t* bzw. *d (wetikas* wäszerig, *ädikas* Essich), *z* wird *s (sakiline* zackig, *sibul* Zibolle, Zwiebel) oder *t (tang* Zange, *tina* Zinn) und fällt vor *w* aus *(wingima* zwingen). *Sch* im Anlaut vor Vocalen und sonst häufig wird zu *s (pits* Peitsche); vor *k*, *l*, *m*, *n*, *p*, *r*, *t*, *w*, also vor allen Consonanten, fällt *sch* ebenso wie *s* aus *(kiper* Schiffer, *lahing* Schlacht, *ling* Schlinge, Schleuder, *mant* Schmand, *napima* schnappen, *pang* Spange, *pelt* Spelte, *rand* Strand, *röpima* schrubben, *trip* Streifen, *tribuline* streifig, *tuba* Stube, *tür* Steuer eines Schiffs, *tüts* Stütze). So fällt auch häufig *k (g)* vor *l*, *n*, *r* aus *(lops* Klaps, *nup* Knospe, *nd.* Knubbe, *nurisema* knurren, *ramat* Schriftstück, Buch, Brief, Gramma, lett. *grahmata*, *rats* Kratze, Hechel), *(f) p* vor *l (lettima* flechten, *latak* Platte), *t* vor *r*, mit oder ohne *s*, im Anlaut *(ripuma* streifen, *rid* Streit; *relling* Galerie um das Schiffsverdeck, Tralje). *L* und *n* gehen zuweilen in einander über *(kamson* Kamisol); *sch* bricht sich im In- und Auslaut zuweilen zu *sk (mesk* Meische). In

---

[1]) *Cfr. Aug. Ahlqvist*, Die Culturwörter der westfinnischen Sprachen. Ein Beitrag zu der älteren Culturgeschichte der Finnen. Helsingfors. 1875.

kanep, g. *kanepi*, Hanf, ist im Anlaut aus *h* (*ags. hanep, nd. hennep*) wieder das ursprüngliche *k* (*κάνναβις*) geworden. Wo ß oder *z* sich im Niederd. zu *t* gewandelt haben, behauptet sich das *t* in den Lehnwörtern (*lott* Loß, *nipstang* Kneifzange, *katel* Kessel, *toll* Zoll, als Masz, *tupp* Zapfen, *uksetapp* Thürangel[1]). Auch in der Vocalisation erkennen wir oft die Entlehnungen als niederdeutsche. So heiszt offen *awa*, Leim *lim*, Lein *lina*, Träber *tarb*, Montag *man-paew*, braun *prun*, Baum *pom*, Schule *kol*, Pech *pigi*, kneifen *näpistama*, Niederholer *nörhol*, Flieder *leder*, Ruhe *rahu*, Salz *sol*, Scheune *kün*.

Auf **lettischen** Einflusz sind die zahlreichen Substantivbildungen auf *lis* statt *nd*. *els* und *sel* zurückzuführen, wie *Abschnittlis, Aussieblis, Bäcklis, Braulis, Dreschlis, Feglis* (statt dessen auch *Fegnis* vorkommt), *Kochlis, Mälzlis, Nachschraplis, Pisslis, Rührlis, Schraplis, Speilis, Stärklis.* Bei *Brage*, Brantweinspülicht, kann es zweifelhaft sein, ob wir das Wort aus *lett. brahga* oder *nd. Brack, Wrack*, Auswurf, ableiten sollen.

Der *Laaksberg* bei Reval wird, wenn nicht ein Eigenname zu Grunde liegt, auf *estn. lagge, finn. laaka* flach — zurückzuführen sein. Auch die Redensart „zeig Licht" (leuchte!) ist estnischen bzw. lett. Ursprungs, nicht minder die Wortfolge in der antwortenden Wendung „wird mau nun sehen"; *legen* von Flüszigkeiten (ja selbst Schüler werden in eine Anstalt „gelegt"), wie im Estnischen *heitma* und *panema* werfen, legen, stellen, setzen, aufschöpfen bedeuten; *bekommen c. inf.* mit „zu": er „bekam" sich zu retten d. h. es gelang ihm, sich zu retten.

Wo die deutsche Hausfrau oder ihre Kinder mit den Thieren sich zu thun machen, hören wir auch noch die uralten deutschen Lock- und Koseworte, das *his his* für Füllen, *minz minz* für Katzen, *gus gus* für Gänse, *pile pile* zu Enten, *husda* als Scheuchruf für Hühner. Anders bei den Pferden, die der Pflege nichtdeutscher Kutscher anvertraut sind und wo dann das *hü* und *hot* und *har* und soviel anderes durch Fremdes verdrängt ist.

---

[1] Von anderen Culturwörtern indo-europäischen Ursprungs seien angeführt: *lammas* Schaf, *kits* Ziege, *porsas* Ferkel, *siga* Schwein, *kikas* Hahn, *kana* Henne, *kass* Katze, *adr* Pflug (*schw.* ardr, *lat. aratrum*), *pabu* Bohne (*lat. faba*), *kapsas* Kohl, *leib* Brot, *õlut* Bier (*schw. öl, e. ale, lit.-lett. alus*), *raud* Eisen (*arisch* = roth, braun), *reha* Weberkamm, -rechen, *kahwel* Gabel, *hame* u. *särk* Hemd (Cirkassier, Berserker!), *sukk* Strumpf, *pello* Jacke, *meri* Meer, *kil* Schiffskiel, *rist* Kreuz (*Christus*), *papp* Pfaffe, *lihha* Fleisch; slavischen Ursprungs: *rada, g. raja* Grenze (*russ. krai*), *nädal* Woche (*r. nedélja*), dial. *agurk* Gurke (auch *nd. agurke*), *nizu* Weizen, *sein* Wand (*lit. s'ena, sl. sťena*), *aken* Fenster (*sl. akno* eig. Auge), *soir* Käse (*r. ssir*), *luzikas* Löffel (*r. loshka*); lit.-lettischen Ursprungs: *kirwes* Axt (*lit. kirvis*), *sahk* Pflug (*lit. zagre*), *ratsu* Pferd (*lit. raitas* reitend), *taivas* Himmel, eig. Gott (*lit. devs. skr. déva*, *lat. deus*).

Ahlqvist macht die Bemerkung, dasz der mehr im Westen vertretene jümische Dialekt seine Lehnwörter vorzugsweise den skandinavischen Sprachen, der östliche, karelische dem Russischen, dem Deutschen oder den lit.-lettischen Sprachen entnommen habe.

Aus der französischen Redensart *être du jour* ist ein eigenes Substantivum *Dejour*, auch wohl *Dujour*, gebildet; man sagt „zur Dejour sein, auf Dejour gehen, die Dejour haben" und bildet *dejourieren*, wie *arrendieren*, *absolvieren* (den Cursus einer Anstalt), *arrivieren*, *banderolieren* (bei verzollbaren Tabacksbehältern und Post-Kreuzbandsendungen), *brodieren* (nic: sticken), *cajoulieren*, *calmieren* (beruhigen), *coramieren* (unter vier Augen vornehmen), *corroborieren* (einen Immobilienkauf gerichtlich bestätigen), *deklarieren* (Zollgegenstände und Verlobungen), *einballieren*, *exgrossieren* (eine hypothekarische Schuld gerichtlich löschen), *exploitieren*, *exportieren* (in der Verwaltung), *grassieren* (herumtollen), *ingrossieren*, *perspirieren*, *praestieren*, *reclamieren*, *retournieren*, *skaljieren*, *spoliieren*, *subventionieren*, *trainieren*, *verlagonieren*, *vinculieren*, ja *alberieren*, *brakieren* (als untauglich ausscheiden), *fingerieren* (mit den Fingern betasten), *läuterieren* (ein Urtheil, das Läuterationsurtheil zweiter Instanz in Criminalsachen, abgeben), *narrieren* (Narrheiten treiben), *schneiderieren* (man nimmt *Schneiderierstunden*, ein Mädchen kommt zum *Schneiderieren* ins Haus), obgleich hier ein deutscher und bei *skaljieren*, *verlagonieren* ein ruszischer bzw. estnischer Stamm vorliegt. In *caduc* (niedergeschlagen) und *content* (zufrieden) ist wenigstens die Aussprache deutsch gewandt; den *Conditor* (von *condire* durch Zuthaten lecker machen) hört man unter Einflusz des rusz. *kanditerska* und mit Anklang an *candieren*, das vom pers. *kandi* (zuckern) abzuleiten, *Canditor* nennen. Statt *Commandant* wird häufig *Commendant* gesagt. Der dem Rusz. entstammende *Traktier* (Speisewirtschaft) hat vielfach als *Tracteur* den Traiteur verdrängt. Einflüsze des Französischen machen sich weiter bemerklich in den Redensarten „ich liebe sehr" mit folgendem Infinitiv und „zu", Schmand zum Kaffee „legen", „gehen" mit folgendem Infinitiv, „kalt und warm haben", „bang haben", „fragen" = fordern, meist vom Kaufmann gebraucht, doch auch sonst: „frag von ihm das Buch" d. h. bitte ihn um das Buch, lasz dir das Buch von ihm geben, „bitten, sich erinnern, nehmen" mit folgendem „von": „nimm von ihm die Uhr", „sagen an jemanden", „geben, schenken an jem.", „das Gelbe vom Ei" (auch *nd.*), „krank befallen" d. h. krank werden, „theuer kosten", „sich die Zeit geben" d. h. nehmen.

Was die Aussprache betrifft, so liebt man im allgemeinen, abweichend von der jetzt in Deutschland bestehenden Sitte, noch die genuin französische. Wir hören *Aristokratie, Diplomatie* u. ä. mit *s*, *Ceremonie, Comödie, Tragödie, Emil* mit gedehnter Schluszsilbe, *accompagnieren, Benefice, Concert, Correspondance, Fabrique, Procureur, Senateur, Sortiment, Translateur, practicieren* u. a. mit fremdem Klang. Der Baumeister heiszt *Architekt* oder *Ingenieur*. Die gleiche Vorliebe für französische Sprechweise zeigt sich in den vielgegebenen Namen *Estelle, Etienne, Eugène, Gaston, Julie, Constant, Maurice, Charles, Valérie*. Für *Accise* (Behörde für Beaufsichtigung und Besteuerung der Spiritus- und Brantweinsgewinnung), *Affiche, Banderole* (der vom Zoll um Tabacks- und Cigarrenbehälter gelegte Papierstreifen, im Postwesen das Kreuzbaud), *Canevas (lat. canubium*, eig. grobe Leinwand aus Hanf, *nd. kanives* — vgl. Sartorius a. a. O. 448. — Stramin), *Capitaine* Hauptmann, *Caraffe*, *char à buncs*, *Commerz-Eisbahn*, *Conseil* (bei der Landesuniversität), *Controlhof*, *Corridor*, *Couchette*, *Coupé* (Wagen), *Directrice*, *Entrée* (Eintrittsgeld, Vorzimmer), *Etage*, *Etagère*, *Fayence*, *Galosche*, *Gamasche* (Halbstiefel), *Garderobe*, *à la glace* (Gefrornes), *Gouverneur*, *Jeton*, *Ingrossation*, *Inspectrice*, *Juridik* (Sessionszeit einer Gerichtsbehörde), *Kreisdeputierter*, *Maschine* (grosze ruszische Theemaschine, Samowar), *Neveu*, *Notaire*, *Paradethür*, *Paradetreppe*, *Parterre*, *pas de géans* (gesprochen *gens)*, *ponceau*, *Praestanden*, *Quartier* (Viertelmasz; Stadtwohnung), *quatre mains* (ein qu. m. spielen), *Rayon*, *Relais*, *Remonte*, *Rosscanton*, *Royal* (kurzer Flügel), *Souterrain*, *Stellage* (Baugerüst), *Tapisserie*, *Trumeau*, *Visitenzimmer* sind die entsprechenden deutschen Ausdrücke fast verdrängt. Und so sind auch neuerdings an die Stelle der altehrbaren *Brautsjungfern* die modernen *Brautsdamen* getreten, nur hin und wieder noch als *Brautsschwestern* uns ein gemüthliches deutsches Gesicht zukehrend.

In *Calefactor*, *Collegien-Assessor*, *Collegien-Rath*, *Collegien-Secretär*, *Commissarius fisci*, *Consulent* (Rechtsbeistand), *Curator* (Ober-Schulrath eines ganzen s. g. Lehrbezirks), *Dirigierender* (nach dem Rusz. = Verwalter), *Discipel* (akademisch geprüfter Feldscher), *exemt* (von der Kopfsteuer befreit), *Femern* od. *Fiemern* (Gabeldeichsel), *Fiemerstange (lat. femur, pl. femora*; bei *Du Cange* findet sich *mlat. femoratium* u. *fimoratium = fimetum*, *fimourier*, und *cursus fimarius*, *femarius* der Mistwagen), *Gouvernements-Schuldirector* (Schulrath), *Gouvernements-Typographie*, *Grassaten fahren* (schon mnd. *gassatim*), *Gymnasial-Inspector*, *Katalog* (Stundenverzeichnis), *Lispfund (pondus Livonicum*, 20 Pfund haltend), *lispfündig*, *Magistrat* (Stadtrath), *Ministerial* (Behördendiener), *Ordinator*, *Parochialschule*, *Repetitionsschüler* (der in den Bauernschulen einen Wiederholungscurs durchzumachen hat), *Revisor* (Landmeszer), *Revisionsseele* (Steuerseele), *Rundel*, *Stadtministerium* (die evangel. Geistlichkeit), *Titulärrath*, *Waszer- u. Wegecommunication* (für welche ein eigenes darnach benanntes Ministerium besteht) haben wir nicht ganz gewöhnliche, zum Theil recht glückliche Wendungen, dem Lateinischen bzw. Griechischen entnommen.

Pomadig (gemächlich) weist auf wendisch *pomalo*, poln. *pomalu* träge — in der Lausitz wird *pomalig*, in Schlesien *pomále* gesagt —, *Schofel* (Geizhals, Knicker), *schofelig* (knickerhaft, ruppig) auf hebräisch *schofel*, *part. K.* zu *schafel* unterdrückt, niedrig, gering; die *Munna*, grob gemahlener Weizengries, auf *hebr. man*, vermittelt durch *rusz. manna*.

Viel stattlicher und, weil wir es hier mit Verwandtem zu thun haben, eine hohe Zierde der baltischen Mundart ist die Reihe der Wörter, die rein deutschen Mundarten entnommen sind, meist norddeutschen, vom Rhein bis zur Weichsel, vorwiegend jedoch der bremischen, der ditmarser, westfälischen und niederrheinischen. Nur zum Theil sind die in Frage kommenden Ausdrücke unverändert geblieben, vielfach haben sie eine Wandelung erfahren und sind nach den Lautgesetzen umgestaltet, die auch sonst für das Verhältnis des Niederdeutschen zum Hochdeutschen gelten. Der Procentsatz solcher Ausdrücke in unserer Verkehrssprache ist stärker sogar, als er uns bei den Niederdeutschen begegnet, wenn sie sich des Hochdeutschen bedienen. Ich gebe eine Blumenlese plattdeutscher Entlehnungen:

abmucken meucheln, gewaltsam tödten, nd. *afmucken.*
abmurksen in groszen, unförmlichen Stücken abschneiden.
achter hinter.
Alfanzerei Albernheit.
all adv. gleich; bereits, schon.
anbeginnen beginnen.
anderst auszerdem, sonst.
anken seufzen, stöhnen.
ankommen leicht verderben, durch Druck schadhaft werden; *angekommen* z. B. vom Obst, leicht angefault, fleckig.
appeldwatsch verkehrt, hirnverbrannt.
Aschenpesel Aschenbrödel.
aufläppern ohne Muttermilch aufziehen; nd. *labben* lecken, saugen.
aufmuken mit dem Mukschlüszel, Dietrich, öffnen.
auspulstern aushülsen, Schotenfrüchte.
ausflieren ausputzen, nd. *flarre, flirre* das auszergewöhnlich grosze und breite Kopfzeug.
bubbeln unverständlich reden.
Bä(e)che, f. Bach, schon mnd. und dann nnd. *beke;* bei Russow findet sich auch *die Bach.*
backen, anbacken vom Schnee, nd. *backen* kleben, kleistern.
Bake, Bakerschiff, Bakerzeichen Schiffsweiser für das Fahrwaszer bei der Ein- und Ausfahrt.
Balge Kufe, Wanne, Trog, Zuber, die Hälfte einer durchgesägten Tonne, *estn. pali.*
ballern ein lauttönendes Geräusch hervorbringen; tönend gegen etwas anschlagen.
bammeln, bummeln hangend schweben.
Bärm, Bärme Hefen, nd. *barm,* estn. *pärm.*
basen, verstärkt als *frequent. baseln,* herumschwärmen, gedankenlos sein.
baten nützen, helfen.
Bath Nutzen, Zins, Vortheil, nd. *bate; Bathkorn* der jährliche Zuwachs zum Vorrathsmagazin, der Ueberschusz an Korn.

Baute, zusammengesetzt *Anbaute, Ausbaute, Einbaute,* nd. *buwte.*
Beestmilch die erste Milch von einer Kuh, die gekalbt hat.
Beffchen Halskragen am geistlichen Ornat, nd. *bövken,* nnl. *befje.*
beflicken durch Flicken jemandes Kleider in Stand halten.
belappen listig hintergehen; nd. unfig. ausflicken, am Zeuge flicken.
belemmern übermäszig belegen und dadurch den Raum fortnehmen; belästigen, behindern, beschweren.
beschwiemen ohnmächtig werden, nd. *sweimen, swemen.*
beschworken mit Wolken überzogen, nd. *besworken.*
Bete, ags. bete, bair. *biesze, besze,* nrh. *beth, lat. beta* die rothe Rübe.
Bicke, Steinbicke Maurerhammer.
bimmeln läuten.
bladen vom Kohl die äuszersten Blätter entfernen.
blarren plärren, Geblarr, Geplärr.
Blechenschläger Klempner, nd. *blickenslåger.*
Blockschlusz groszes Vorlegeschlosz, nd. *blockslot.*
blubbern unbedachtsam daher plaudern.
bohnen mit Wachs blänken, nd. *bonen.*
Boje Ankerzeichen.
bolen mingere, von kleinen Kindern, nd. *pölken;* subst. *Bole,* nd. *pool.*
bölken blöken, laut und häszlich schreien.
Bolzen das Stück Eisen, welches glühend in das Bügeleisen geschoben wird, dann das Plätteisen selbst, nd. *bolte;* Packen, Ballen Zeug oder Wachs.
Bolze Kater.
Bönhase wer in einem Gewerbe arbeitet, ohne Meister zu sein; Pfuscher; von nd. *bön* Boden, hd. Bühne.
Borke Schorf.
Bötling Hammel.
brachen, Brache vom Flachs, brechen, mnd. *braken,* nnd. *bräken.*
brackieren als untauglich ausscheiden, verwerfen.

Brak, in *Busch* und *Brak*, in Busch und Wald.
Brake, braken, Braker Auswahl gewisser Waaren, bes. des Flachses u. der Häringe, durch Ausscheidung des Geringeren, nd. *wrake, -n, -r*, von nd. *wrak* Ausschusz, mnd. *brake* Gebrechen, Mangel.
sich bräsen, bräsig hochmüthig, patzig, aufgeblasen.
Brass Menge, Haufen; gemeinsames Lager auf der Diele.
Bregen Hirn, Hirnschale.
bruddeln pfuschen; stammeln; mit Geräusch aufkochen. In der letzteren Bedeutung *hd. brodeln*, in der erstern *brudeln, verbrudelt.*
Brummkiesel Brummkreiszel, nd. *brumkesel.*
bubbeln Blasen aufwerfen, sprudeln, plätschern; subst. *Bubbeln.*
Bubbert in der Pfanne leicht gebackener Eiermehlkuchen, hesz. *Buffert.*
Buddel, Buttel Flasche.
Bühre, Bührenzeug, Kissenbühre Bettüberzug, Zieche.
buksen stoszen, sich balgen; auch *baksen.*
Bulle Flasche mit weitem Bauch, nd. *pulle.*
bullern herauspoltern mit schweren, unverständlichen Worten; kugeln.
Bullerstein abgerundeter, vom Meere an den Strand gespülter Stein, erratischer Block.
bulstern von Hülsenfrüchten, auskrüllen.
Bulstern Hülsen.
bumsen dumpf fallen, bums! machen.
Bursprake Ansprache an die Bürger, wie sie z. B. bei Rathswahlen vom Rathhaus aus erfolgt.
Bürste Besen.
Busch Wald, niederes Gesträuch.
Buschland Strauchland.
büstern in der Irre herumlaufen, im Wüsten tappen.
Butte eine Art Fische, *Steinbutte Platessa Flesus, Rhombus maximus.*
Bütte kleines, flaches Holzgefäsz.
Büxe, Bixe Hose, nd. *Boxe.*
buxen stehlen, eig. heimlich in die Hosentasche stecken.
Dachpfanne Dachziegel, nd. *dakpanne.*
dahlen schäkern, tändelnd spielen, mit einem Mädchen, nd. *tellen.*
dakig vom Wetter, trübe, neblicht.
Dämel, dämeln, dämelig einfältig, kopflos sein, faseln, mit benommenen Sinnen herumbasen.
Danneboom Tannenbaum, im Eingang des bekannten Liedes.

Däs, Däsigkeit, däsen, däsig vom leichten Halbschlaf und schlafähnlichen, zerstreuten Zustand.
Degel Tiegel.
dick betrunken, *dudeldick.*
Diedrich Dietrich.
Diele Fuszboden des Zimmers, nd. *dele, dale.*
Docke zusammengedrehtes Bündlein Garn oder Stroh, letzteres besonders für Dächer, um gegen das Eindringen des Regens zwischen die Fugen der Schindeln gesteckt zu werden, nd. eig. Puppe.
doll toll, womit auch hier fälschlich *ungar. Tolpatsch* in Zusammenhang gebracht und daher mit der *media* im Anlaut gesprochen wird.
Dolle Ruderpflock.
Dörnse heizbare Stube, hd. *Dürnitz*, mnd. *dornitze, dor(n)tze, dornse, donse*, muthmaszlich von *slav. dvernice, rusz. gornitza.*
Drän, Dran Dusel, Rausch; *drä(a)nig* duselig.
dränen langsam knarrend, eintönig und langweilig reden, nölen, nüseln.
dravaljen eifrig arbeiten.
Dreesch, -land unangebautes, brach liegendes Land, mnd. u. nnd.; *hd. Driesch.*
Dusel Schwindel, Benommenheit, leichter Rausch; adj. *dusig, duselig;* mildernd *Dussel, dusseln, dusselig.*
dwalen verkehrtes Zeug schwatzen, fieberhaft im Halbschlaf fantasieren.
dwas, dwasig, dwasen quer, verkehrt handeln.
dwatsch, Dwatschheit, Dwatschigkeit von plattem, dummem Wesen.
einduseln einschlummern, nd. *indusken.*
einfoppen einstecken, nd. *fob* Tasche.
einkriegen einbekommen, einnehmen, nd. *in krygen.*
einkrumpfen vom Tuch, eingehen, zusammenschnurren, nd. *inkrimpen* eindichten.
einpicken einschmutzen, nd. *peken* mit Pech beschmieren.
Eller Erle. Von Herder in den Volksliedern auch beim dänischen Merkonge so aufgefaszt und daher fälschlich mit Erlkönig statt Elfkönig wiedergegeben.
Enkellauf Einzellauf, nd. *enkel* „einzelt", einzeln.
Faden Masz der beiden ausgespannten Arme, hd. selten, statt dessen Klafter, nd. *fadem.*
Faksen lose Streiche, Narrenteidinge;

Faksenmacher, verstärkt *Fickfacker* Windbeutel; *fuksen* tändeln, Spass treiben.

Feder Dach- oder Windfeder am Giebel, *nd. fedder.*

fegen putzen, rein machen, mit Besen kehren; hart anfahren mit Worten oder Schlägen.

Feime, nd. viem, in Holstein Dieme, geschichteter Haufen von Heu od. Garben, auch vom Brennholz gebraucht; hier vorzugsweise von den Kartoffeln, die nach der Ernte, mit Erde zugedeckt, im Feld überwintern *(estn. aun),* doch auch von Heu, Stroh, Getraide *(estn. kuhi).* In der Altmark Fieme nur vom Holz, vom Stroh *Diem* oder *Miet.*

feminisch giftig, boshaft, rachsüchtig, *nd. veniensk.*

fiecheln, feicheln schmeicheln, *sich einfeicheln* einschmeicheln.

fieren vom Tau, nachlassen, nachschieszen laszen.

Fimmelhanf der kurze, samenlose Hanf.

Fitze Garngebinde, Sträne; *Fitzelband* schmales Leinenband, *nd. fisse, fisselband.*

fix hurtig, munter, aufgeweckt, anstellig, entschieden, von Mädchen auch: hübsch; *Fixigkeit* munteres, aufgewecktes Wesen.

Flabbe Mnnd, Maul; *flabbig* dickmäulig, mit aufgeworfenen Lippen.

Flachsschäben Flachsacheln, der Abgang beim Brechen, *nd. schewe.*

flachwarm lauwarm, *nd. flak* lau.

Fluden Kuhfladen *excrementum boum.*

fladderig flatterig.

Fluddrusche hoch aufgestutzte Haube mit mächtigem Bänderwerk.

Flage Fallsucht, im *pl. Flagen* bes. die fallsuchtähnlichen Kinderkrämpfe, *nd. flage* verfliegendes Wetter, eine dicke Regen-, Hagel- od. Donnerwolke, die, vom Winde getrieben, wie im Sturm rasch über uns hinfliegt.

flagweise schichtweise, abwechselnd in der Zeit, *nd. flagswise.*

flaschen gelingen, von Statten gehen, *nd. flasken.*

flasig zerstreut, nachlässig.

Flätsche groszer Leberfleck, Blatter, Hautausschlag, *nd. flaaske.*

Flätz Grobian, *nd. adj. flätsk* grob, unflätig.

fleiten gehn durchgehn, verloren gehn, *nd. fleuten gnan.*

Flete Laszeisen, *nd. flede.*

Flicken Fleck, Lappen zum Ausflicken.

flickern flimmern.

flickerig flockig, krümelig, stückerig.

Flidder ein leichtfertiges, kokettes, gern von Haus laufendes Mädchen, *nd. flitje* junges Frauenzimmer, das in einem augenfälligen und doch kahlen Putz aufgezogen kommt; davon *Fliddersche, Fliddrüsche, Flidderbüchse.*

fliddern viel von Haus laufen, verwandt mit *hd. flattern.*

fliejen legen, stellen, stapeln.

Flirre Grille, Schrulle, Flause, *e. fleard.*

Flom(e) Flaum, Fett von Schweinen, Gänsen, Ochsen etc.

flunkern windbeuteln.

Frange Franze.

fuckeln, fuksen betrügen; wurmen, *nd. fukeln* unredlich handeln.

Füllnis Füllsel, *nd. vullnis.*

Fummel nachlässig gekleidetes Frauenzimmer, *nd. fummelke,* von *fummeln, e. fumble* mit langen Röcken müszig herumschwänzen; *adj. fummelig* unordentlich; von Brot u. Mehl, muffig.

fussern, fusseln fasern; die *Fussern, Fisseln* Zeugfäserchen.

Gaffel der, Raa mit gabelförmigem Ende zum Aufziehen des groszen Baumsegels.

galstern geifern, *galsterig.*

gassatim fahren spazieren fahren.

Gelegenheit Liegenschaft, wie „*Püschels Gelegenheit*" auf der Pernauschen Strasze bei Reval.

Geräll das Durcheinander von Spänen, trockenen Reisern etc., von *nd. rullen* rollen.

Gilde, Gildehaus.

Glint das felsige Meeresufer längs der Südküste des finnischen Meerbusens, *mnd. klint, schw. klint, dän. klint, lett. klints, e. clint* Fels, Klippe, steiles Ufer, merkwürdigerweise nicht ins Estn. übergegangen, das dafür *pank* oder *maltsa kallas* hat.

glupen von unten, von der Seite sehen; *Glupaugen* Augen mit tückischem Blick; *glupsch* tückisch.

gnaben nagen.

gnegeln karg sein.

gniddern, gnuddern krittelnde Töne hervorbringen.

Gör kleines Kind.

Gössel Gänseküchlein, *nd. gossel, schw. gasunge.*

Grapen eisernes Kochgeschirr.

grapsen raffen.

grienen mit verzogenem Munde lachen.

Gries grober Sand, Kies.

Grünzeug Gemüse, *nd. greuntüg*, und davon *Grünmarkt*.
güst unfruchtbar d. h. milchlos, von den Kühen, zusammenh. mit *Geest*.
Hacken Ferse.
Hänge Thürangel, Angel.
Harke Rechen, *harken* mit dem Rechen bearbeiten.
Haspel Garnwinde, *herunterhaspeln* fig. ableiern.
Hausflur Diele, Aehren.
Hede Werg; *heden, hedig* aus Werg, wergartig.
heil vollständig, ganz, von unangeschnittenem Brot, Gläsern, Tellern.
Hesse die starke Fersensehne an den Pferdefüszen, schon *mnd.*
hippern hüpfen.
Hocke im Felde aufgestellter Garbenhaufen, stimmt zu unserer *Kuje, lit. kugis, estn. kuhi.*
Hof Garten, stets als *dim.* „Höfchen".
Holm kleine Insel, Sandbank; Querbalken.
Huckeback Rückenlast, *nd. huken* hocken, *bak* Rücken.
Hümpel kleiner Hügel, Erdhaufe.
jackern, frequ. zu *jagen,* abjagen.
jichtens irgend, *ichtens.*
jölen, jolen schreiend singen, *krijölen.*
junksen winseln, nach etwas heftig verlangen, sich sehnen, *nd. janken.*
kabbeln, kibbeln zanken, *Gekabbel* Gezänk.
Kabuse, Kabüschen, Kabischen Häuschen.
Kak Schandpfahl, Pranger.
kakelbunt kunterbunt, buntscheckig.
kakeln gackern, *nd. kakeln*; viel Worte machen, schwatzen, *nd. käkeln.*
Kaks ironisch für eine hochgestellte Person, auch *altschw.* ein weidlicher, groszer, reicher, angesehener Mann.
Kälberdanz eine Art Pudding, aus Beestmilch bereitet, und diese selbst.
Kalkun Truthahn, Welsch, *Gallina guttata,* aus welcher lateinischen Form vielleicht die *nd. kalkunsken han, kalkutschhan, kalekutischer han* entstanden ist, *nl. kalkoen, ostfr. kalkun, dän. kalkun, schw. kalkon, rusz.* „indischer" Hahn, *e.* turkey cock. Einige, auch Stürenburg, denken daran, dasz das Schiff, welches den *Pavo Indicus* einführte, über Kalkutta gekommen wäre. Man hat dagegen erinnert, dasz die Urheimat des Thiers Amerika sei. Allein das spricht nicht unbedingt dagegen. Denn es kommt häufig genug vor, dasz Culturpflanzen oder Thiere ihren Namen nach dem Lande empfangen, nicht in dem sie ursprünglich heimisch sind, sondern von wo aus sie eingeführt wurden. So nannten die Römer das indische, den Griechen längst bekannte Perlhuhn *gallina Africana* oder *Numidica,* offenbar weil sie es ohne Vermittelung der Griechen durch die Schiffahrt von Süden her erhalten hatten. So erhielt der türkische Mais, als Kukuruz von der Türkei über Ungarn nach Deutschland vordringend, hier den Namen „türkischer" Weizen, während der Name „Welschkorn" auf italienische Herkunft deutet. So nennen die Ruszen den China und Südsibirien entstammenden Buchweizen *greca,* die Engländer, wie schon angeführt, den Truthahn *turkey cock,* die Deutschen vielfach *Welsch.* — Oder ist der Name *kalkutschen han* etwa daraus zu erklären, dasz die geographischen Begriffe früherer Jahrhunderte noch zu unbestimmt waren, um zwischen Ost- und Westindien immer streng zu unterscheiden?
kalmüsern kalmäusern.
Kam, kamig; Kiem, kiemig Schimmel, schimmelig, von Flüszigkeiten, die an ihrer Oberfläche Pilze angesetzt haben und dadurch trüb sind.
Kanevas Stramin.
Kaplaken, unsinnigerweise meist mit *C* geschrieben, eig. der Laken, das Tuch zu einer Kappe d. i. Mantel, jetzt das Trinkgeld, das dem Schiffer über den bedungenen Lohn hinaus von jeder Last gegeben wird.
kappen einen naseweisen Menschen, kurz abfertigen.
Karduse, schon *mnd., nl. kardoes, frz. cartouche* eig. Kanonenpatrone, hier der Pappbehälter für Thee, Taback etc. *Kard(t)ustaback* der Taback in banderolierten Pappschachteln, womit vielleicht der Ausdruck *Kardausche* für Nachmittagsschläfchen zusammenhängt.
kärnen buttern, *Kärn* Butterfasz, *nd. karnen, karn.*
Karpe Kasten, Lade.
Kate Hütte, elende Wohnung, Bauernhaus.
kaz! kaz! Scheuchruf für Katzen.
kerben vom Taback, zerschneiden, *nd. karven.*
Kieb Zank, Streit, *nd. kief.*
Kieker, Opernkieker Fernglas; *kieken* sehen. Davon ein Befestigungsturm

in den Revalschen Stadtmauern *Kiek in de Kôk.*
kielholen das Schiff zur Seite legen, unter dem Kiel durchziehen, nd. *kielhalen.*
Kiff, Kiffe elendes Häuschen.
Kimme Kerbe in den Faszdauben zum Einsetzen des Bodens, n. *kimm.*
Kinke die in einem neuen Tau zusammengelaufene Schlinge.
Kippe Kübel, Kufe, der Waszerschöpfer, an dem eine der Dauben, zum Griff verlängert, hervorragt.
kippen. umkippen, intrs. umschlagen; auf der *Kippe* stehen, im *Kippen* sein — dem Bankrott nahe sein.
Kiwiet Kibitz.
Kladde Diarium, das Buch, in welches die Schüler zuerst ihre Arbeiten ohne Sorgfalt in der Schrift eintragen.
kladdern schmutzen, kothig werden; *kladderig* unsauber, schlüpfrig.
Klack in den Redensarten „nicht Klack nicht Schmack", „weder Klack noch Schmack", „ohne Klack und Schmack", nd. *nich klak noch smak* nicht Salz noch Schmalz, ohne Saft und Kraft.
klamm, klammig gequollen; klebrig feucht, schweiszig.
klampe f., klampen m. groszes abgeschnittenes Brotstück, nd. *klamp* Klumpen.
Klaret eine Art Würzwein.
Klimpen Klöszchen in der Suppe.
klimpern stümperhaft Clavier spielen; *Klimperkasten.*
Klingbeutel Klingelbeutel; nd. *klingbüdel.*
Klinke Falleisen an der Thür.
Klinker gebrannter Ziegelstein.
kluntig, gluntig waszerstreifig, vom Brot; nd. *klunt* Klumpen.
klitschig kleisterig, klebrig.
klönen klagen, jammern.
Klump(s) das mit einer einzigen Gattung Blumen bestandene Gartenbeet, od. ein Haufen solcher Pflanzen; e. *clump.*
Klumpsack in Knoten gedrehtes Taschentuch, wie es bei gewissen Gesellschaftsspielen gebraucht wird.
Klunker Gehängsel; *sich beklunkern* sich mit allerhand Kram behängen; *verklunkern* unordentlich vergeuden.
Klunte dickes, plumpes Frauenzimmer, nd. *kluntje*; *kluntig* von einem Gesicht, dick, grob, plump.
kluntschig von Feuchtigkeit besudelt; von einem Kleidersaum, mit Straszenschmutz bedeckt.
knabbern mit leisem Geräusch eifrig nagen und freszen.

Knagge Kleiderhalter, nd. *Knagge* Holzwirbel.
Knappkäse eine Art Handkäse, nd. *knappen* kurz zubeiszen.
knibbern mit den Fingern an etwas herumarbeiten und etwas kleines davon abbrechen; *knibberig* knuffelig, pinkerig.
Knicker Geizhals, *knickern, knickerig* geizen, geizig.
kniddern knattern; knetschen, faltig zusammendrücken.
Knippchen Schnippchen.
knippen abzwacken.
Kneifzange Kneipzange, nd. *kniefstange.*
knillen, ver-, zerknillen zu Falten zusammendrücken, nd. *knullen.*
knirren leise mit den Zähnen knirschen, pipen, quarren, nd. *gnirren*; gern zusammen mit lautangleichendem *knarren* verdrieszlich sein, brummen.
Knobber knorriger Auswuchs am Baum; adj. *knobberig.*
Knocke, Knucke Flachsbündel; *knocken* Flachs in Bündel schlagen.
knoten, ab-, an-, aufknoten knüpfen, nd. *knutten.*
Knubel, Knubbe, Knobbe rundlicher Auswuchs, Knospe.
knüll, knill stark betrunken.
Knüppel Knittel; *knüppeln* prügeln, mit Knitteln erschlagen; nd. *knuppel, knuppeln.*
Knust, Knustchen Ecke vom Brot, Brotschnitte.
knutschen quetschen.
knutten die Knoten vom Flachs schlagen.
koddern verunreinigen, *verkoddern*; eig. in Eile obenhin das Leinenzeug waschen; *kodderig* schmutzig, zerlumpt, unansehnlich, übel: Mir ist *kodderig* zu Muth, mir ist übel.
Koder Wamme, Doppelkinn, nd. *ködder* Kropf.
Kofent Dünnbier aus den Nachbleibseln der zweiten Bierauflage, mit Malzmehl versetzt.
Koje kleine Schlafstätte auf Schiffen, eig. Verschlag, Stall.
Kolk Gutsname; nd. Vertiefung, die vom Waszer ausgespült ist.
Kolte Bettdecke.
Köper, Kiper drellartiges Gewebe, dessen Eintrag über mehrere Fäden der Scherung hin liegt; *köpern, kipern* ein solches Gewebe herstellen.
kopplings kopflings.
Koppel umzäunter Platz, mit Getraide oder Holzung bestanden, ohne eig. Garten zu sein; *Ziegelskoppel* od. *Kop-*

pel einer der deutschen Beerdigungsplätze bei Reval.
Korde Strick. Ein junges Pferd läszt man an der Korde im Kreisz herumlaufen, schon *mnd.*
Kordel Seil, Schnur, Bindfaden, *frz. cordon, it. cordella, e. gears,* gleichfalls schon *mnd.*; die Taue, mit denen die unteren Raaen aufgehisst werden, oder auch die drei Stränge, aus denen das Kabeltau zusammengesetzt wird.
Kortstroh Kurzstroh.
Kötel die Excremente von Ziegen, Schweinen, Schafen, Mäusen.
Krabat m. ausgelaszenes Kind, eig. *Croat.*
Kragge Schindmähre, elendes hinfälliges Pferd, *nd. kracke.*
kralen von Brustkindern, lallen; *subst. Gekrale.*
Krampe Klinkhaken, Schlieszhaken am Schlosz.
Krämpel Plunder.
Kransaugen nux vomica.
krauen sanft kratzen.
kraufen, impf. kroff, part. gekroffen, nd. krupen, part. gekrapen kriechen.
kregel munter.
Kreke, mhd. Krieche, frz. créque Schlehenpflaume; *Prunus Institia, estn. krek.*
Krempe Aufschlag, aufgebogener Rand, von Blech oder Hüten.
kribbeln wimmeln, verstärkt *kribbeln* und *wibbeln.*
kriddeln knurren, *kriddelig* knurrig.
krigen, ab-, ein-, auf-, auskrigen bekommen.
Kringel Bretzel, *Gelb-, Butterkringel, Wiborger Kringel* die mit Safran, mit Butter bereitete, aus Wiborg zugeführte Bretzel.
Kroke Falte, *nd. kroke, krükel; kreken* falten.
Krökscheit am Bauerwagen, wenn abzuleiten von *kraken* brechen machen; für *Krake* führt Gr. W. die Nebenform *Kroke* an.
Krollhaar gekochtes Rossbaar zum Polstern, *nd. krullen* kräuseln.
krömern krümeln, *nd. krömeln.*
kröpeln beschwerlich fortkommen, mühsam sich fortbewegen; *kröpelig* krüppelig.
Krucke irdener kleiner gehenkelter Topf, aus dem Kinder und Dienstboten ihren Kaffee und Thee trinken, *nd. kruke.*
Krug Schenke, Gasthaus auf dem Land und in den Landstädtchen. „Die Krüge bestehen hierzulande aus dem eigentlichen Krugshause, in welchem sich die Wirtschaft und das Gelasz für Reisende befinden, und ans der Stadolle. In dem Krugshause unterscheidet man die Krugsstube von der Gaststube (dem „deutschen" Zimmer) und der Schenkstube, welche letztere durch den Schenktisch mit der Krugsstube in Verbindung steht". Der Wirt heiszt *Krüger* od. *Krugsvuter.* Davon *Krugsweib, -magd, -bier* etc.
Kruphuhn kurzbeinige Henne.
Kruschemuschen krauses Ineinander von Kleinigkeiten, *nd. krusemusi.*
Kruzedullen Schnörkel, Krackelfüsze; *nd. krusedullen* Handkrausen.
Kuckel kleiner Kuchen aus Weiszbrotteig, *nd. küken.*
Kuckerball Purzelbaum, *nd. kukeln* gaukeln; in Leipzig *Kaukelpurz,* in Nordthür. *Kopfskdukel, estn. kukerpall.*
Kuft, Kuftchen Nachtjacke, *nd. Kuft* Matrosenrock.
Küken Küchlein.
Kule Grube, Gruft; *Kulengräber* Todtengräber.
kullern rollen.
Kumme, gew. *Spülkumme* flacher Napf zum Ausspülen der Tassen.
Kumskohl Sauerkraut od. Kopfkohl, Kappes; Compostkohl.
Kunkel dickes, rundes Frauenzimmer, *nd. runkunkel.*
kunterbunt bunt durch einander.
Küpe die fertig gekochte Flüszigkeit zum Blau- oder Schwarzfärben, *nd. küpe* Bottich, Kufe.
Küper Küfer.
kurlos unlustig, *e. cureless, mnd. kurlôs, nd. kurloonsk,* von *kuren* Grillen und *loonske* launisch. Wenn *los* nicht Abkürzung von *loonsk,* ist an *Kuren* lustige Einfälle, Spässe zu denken, also *kurlos* der, welcher keine munteren Einfälle hat; oder an *mnd. kuren* spähend schauen, also *kurlos* der, welcher nicht spähend umherschaut, nicht Achtung gibt, die Augen gegenstandslos umherschweifen läszt und niederschlägt.
Küsel, Kiesel Kreiszel; *Brummküsel.*
Lade Kiste, Schrein, bes. zur Aufbewahrung von Dokumenten; *Gebietslade, Gutslade.*
Laken Leinentuch, Bettuch.
Landschaft Einwohnerschaft des Landes, bes. aus dem Adel; daher *Ritter-* u.
Landschaft, im Gegensatz zu den Städten.
Lapperei Kleinigkeit, Plunder.
Lausangel, Laushung(el) Lausebengel,

als Scheltwort. In der auch in anderen niederd. Schimpfwörtern vorkommenden Endung *angel* (*Lurangel, Flätangel, Fretangel, Net-, Spudd-, Flotzangel*) ist der Name der alten Angeln vermuthet worden, von denen angenommen wird, sie hätten sich durch Raub und Tücke so verhaszt gemacht, dasz bei den Sachsen ihr Name zur Bezeichnung eines heillosen, verhaszten Menschen geworden wäre. Das mnd. Wörterb. von Schiller und Lübben denkt an *anghe* Wesen.

Legel kleines flaches Fäszchen, das die Arbeiter, mit Getränk gefüllt, bei sich tragen und das so eingerichtet ist, dasz es beim Trinken an den Mund gesetzt werden kann. Daher man in Bremen einen durstigen Bruder *enen kiek in't Lecheln* nennt; *estn. lähker.*

Lichter, Lichterfahrzeug, -schiff das Schiff, welches die Waaren von einem Fahrzeug übernimmt und so dasselbe erleichtert.

Lof kleiner Scheffel, das landesübliche Masz für trockene Gegenstände; *nd. loof* etwas flaches.

Lofstelle Flächenmasz bei Ländereien.

Lucht Fenster, Fensteröffnung.

Luke Oeffnung eines Kellers oder Bodens; die Lade, welche diese Oeffnung verschliesst.

luksen, be-, abluksen listig bestehlen, *nd. luken* lauern; zupfen.

Lünse Achsennagel, Vorsteckpflock vor dem Rade, *nd. lunse.*

maddern stümpern, verhunzen.

Mahrflocke verfilzte Mähne.

mall dummerhaft.

man nur; *man nichts* gar nichts.

mank zwischen.

märken Waaren, zeichnen; *Märke* Kaufmannszeichen; vgl. Livl. Urk. 1719.

Matjes Häring, der gefangen wird, ehe er voll Rogen oder Milch ist; eig. *Madikeshäring.*

Mauken Pferdekrankheit, bei der die Beingelenke schwellen und knotig werden; *nd. muke.*

melk milchgebend, von Kühen.

Miete gedeckter geschichteter Haufen von Heu, Stroh oder Garben; in Harrien und Wierland gebraucht für das sonst übliche „Feime"; *nd. mite, ags. mithan* decken, *mlat. mita.*

mogeln heimlich aus dem Weg räumen, meucheln.

mordlings mörderischerweise.

muddig schlammicht, trübe, voll Modder.

muffeln vorn im Munde essen.

Mulm Graus und Staub, bes. des wurmstichigen Holzes; *adj. mulmig.*

mulsterig muffig, schimmelicht.

mummeln langsam kauen, zerrend saugen, die Speise vorn im Mund zerkauen, weil die Zähne fehlen.

mumpeln leise reden, in dumpfen Brummlauten sprechen.

nitteln nörgeln, in krittelnden Tönen murren, bekritteln.

nolen langsam sein.

Noppen die Knötchen an wollreichem Zeug, Nopptuch; *noppen* solche Knötchen an dem Zeug hervorbringen; *nd. Nobben, nubben; adj. nobberig.*

nöteln zandern, trödeln.

Nücke, Nicke Tücke, Anstosz, Grille; *nicksch* eigensinnig; *nd. nuck, nuksk.*

nülken, nilken saugen.

nurcheln nörgeln, *nd. nurken* mürrisch sein.

nuscheln unordentlich und faul arbeiten, *nd. nusseln; adj. nuschelig.*

obsternaksch eigensinnig.

Ochsenaugen Spiegeleier, Backeier, *nd. ossenogen.*

Patweg Fuszweg, *nd. pad* Pfad.

Pallern, Pallerkasten, *Pallerstock* an der Scheibe der Bratspille.

Panelung hölzerne Zimmerbekleidung längs den Wänden, *nd. panele.*

pantschen, panschen in Flüszigkeiten herumrühren.

Patwachs Baumwachs; *nd. pate* junger Baum.

Pesel Einfaltspinsel, bes. eig. Ochsenziemer, dann aber auch *smer-pesel* Schmutzfink.

Pflucken, Plucken Pflock, *nd. pluggen, pluck.*

pinkern tüfteln, *frequ.* zu *nd. pinken*, hämmern, klopfen.

Pinnagel Schwären, *nd. pinn* kleiner Nagel; erinnert an *nd. finne* = *pustula.*

Pipkrellen lange röhrenförmige Perlen. Der erste Bestandtheil des Wortes *nd. pipe* Pfeife, Röhre; die Herkunft des zweiten dunkel. Liegt eine Umbildung von Korallen vor? Bei Grimm findet sich *Krelle* als solche für die Eifel bezeugt, anderwärts *Kralle.*

Pitschink Stück Fleisch aus der Rückengegend eines Thieres, *nd. pitt* Mark, das Beste von einer Sache.

pladdern plätschern; *es pladdert* vom Regen, wenn die Tropfen mit Geräusch zur Erde schlagen.

Plämpe Seitengewehr, *nd. plampe.*

plantschen, planschen tr. u. *intrs.* in Flüszigkeiten legen, überschütten; vom Regen, in Menge niederströmen.

plínkern blinzeln, nd. plinken.
Pliete Herdplatte, estn. plit.
plotzig aufgeblasen, aufgedunsen, nd. plutzig.
plückatig klotzig, plump.
plumpen, plumpsen schwer ins Waszer fallen, mit dumpfem Schall niederfallen.
Plumpkeule die Keule, mit der aufs Waszer oder Eis geschlagen wird, um die Fische ins Netz zu treiben, nd. plumpeküle.
Pram flaches Schiff zum Uebersetzen an Fähren.
Pratchen Lügengeschichte, Münchhauseniade, nd. praten schwätzen, prat Geschwätz.
Pritsche Schlafstelle von Brettern auf niedrigen Pfosten, nd. britze.
Prümchen Stückchen Kautaback, nd. prümmel.
prusten schnaufen.
purren bohren, stacheln, reizen.
pusten blasen; Puster Blasebalg.
quabbeln schlottern, beben, schwappen; quabbelig leibesdick.
quackeln in Kleinigkeiten knausern, eig. im Schwatzen kein Ende finden können.
Qualster Schleim, Geifer.
qualstern widerlich speien, Schleim auswerfen.
quarren quäken, weinend schreien.
quasen hinunterwürgen, hineinfreszen; langweilig reden. Quasepeter der endlos über nichts schwatzt. In der letzteren Bedeutung auch quäsen.
quatschen von dem Laut, der entsteht, wenn auf etwas weiches, naszes getroten oder gedrückt wird; Gequatsch Geschwätz, Quatschmichel leerer Schwätzer.
quebbig waszerhart, von nd. quebbe Moorgrund, der durch versteckte Quellen aufgeschwemmt ist und daher unter dem Tritte zittert.
Qued süsze Gallerte, im Gegensatz zu Mos, Mus.
quieken mit feiner Stimme eintönig schreien.
quienen lamentieren, kränkeln.
quietschen von dem knarrenden Geräusch schlecht geölter Thüren.
quillen quellen, auch öfter bei Goethe.
sich räkeln sich unanständig dehnen und strecken.
ramenten rumoren.
Rammskopf von Pferden, Rammsnase, auch von Menschen; nd. ramm Schafbock.

Randal lauter Unfug, randalieren.
rappelköpsch eigensinnig, unsinnig, nd. rappel-koppisk.
rapsen eilig raffen; rips raps in aller Eile.
ratschen, rätschen tönend reiszen; ritsch ratsch gehts, wenn Zeug rasch in Stücke geriszen wird.
Rebbes Profit.
Reeper Seiler, Reepschläger dass., Reeperbahn Seilerweg.
reffeln fasern, Gestricktes oder Gewebtes auftrennen; herunterputzen, herb verweisen.
Rick Stange; Rickerholz im Gegensatz zu Schalenholz das Stangenholz.
Rieschen, Riszchen eszbarer kleiner Schwamm, nd. riis Agaricus deliciosus.
Rille Ritze, Spalte, bes. die Spur, welche das ablaufende Waszer zurückläszt.
Riole Holzgestell mit Querfächern für Küchengeschirr, Waaren, Bücher u dgl.
roden mit der Wurzel ausrotten.
Rolle die Mangel, unter der man die Wäsche rollt und glättet, nd. rulle.
ruffeln herb verweisen.
Rülps, rülpsen von der laut aufstoszenden Magenblähung; dann fig. ein ungesitteter Mensch, nd. rulps.
Rummel Gerümpel, Durcheinander von guten und schlechten Sachen, im Rummel kaufen, in Bausch und Bogen.
Runge die mit ihrem unteren Ende an der Axe befestigte Stütze, an welche die Wagenleiter des Bauerwagens sich anlehnt.
sabbeln den Geifer ausflieszen laszen, umständlich und inhaltslos reden, nd. sabbe Geifer.
sabbeln plätschern, nd. sappen.
Scharren, Fleischscharren, nd. scharn, obd. Schranne.
Schäve, Flachsschäwe Flachsschäbe.
Schechte Schaft am Stiefel, nd. schecht.
schelbern von der sich abblätternden Haut, nd. schelfern, schulpen; adj. schelberig.
Scherwand Wand zum Abtheilen des Zimmers, spanische Wand; nd. scheren abtheilen.
schilpern trs. u. intrs. von einer Flüszigkeit, die in einem Gefäsz hin und her schwankt und eben glucksend zum Ueberschütten kommt, nd. schulpen.
Schinne die weisze Schuppe auf der Kopfhaut, nd. schinn.
schlabbern mit Geräusch eszen und trinken.
Schlafitt, pl. Schlafitten Schulter, jem. am Schlafitt nehmen, ihn an der Schulter

faszen: nd. *sla-fitje* Schlagfittich, Kleiderzipfel.
schlampampen schlemmen, prassen, unordentlich sich kleiden; *Schlampampe* ein unordentliches, nachlässig gekleidetes Frauenzimmer; nd. *slampampen*.
Schlaube die äuszerste Fruchthülle, in der z. B. die Nusz oder Eichel sitzt, nd. *sluwe, slûe*.
schleksch lecker, lüstern; von nd. *sliken* lecken.
Schlenge Futterrahmen eines Fensters, von Holz oder Stein, nd. *slenge*.
schlenkern schleudern, hin und her bewegen; nd. *slenkern*.
Schleten die Zaunstaken, die noch über den eigentlichen Zaun ins Kreuz gestellt sind, nd. *sleet* die undicht gelegten Bretter über den Scheunenbalken, auf die das Getraide luftig zum Trocknen zu liegen kommt.
schlingern schleudern, rollen, wie Schiffe auf bewegtem Waszer, nd. *slingern*.
Schlipp, Schlippe, Schlippen der Zipfel am Frack, Schleppe, Kleiderzipfel, nd. *slipp*.
schlubbern nachläszig arbeiten.
schluddern nachlässig gekleidet und müszig gehen, nd. *sluddern*; adj. *schludderig*.
schlumps plötzlich, von ungefähr, nd. *slumps* der blinde Zufall, ungefähre Glücksfall.
schmaddern schmieren, sudeln, nd. *smaddern*.
schmoken schmauchen, rauchen, nd. *smoken*.
schmuddeln sudeln; *Schmuddel* f. ein schmutziges Frauenzimmer, *Schmuddelei* Schmiererei, *schmuddelig* schmierig, unordentlich.
Schnepel eine Art Fische, *Coregonus Lavaretus*, gew. Siek genannt.
schnicken, schnucken schluchsen, den Schlucken haben, nd. *snicken, snucken*.
Schnirre, Schnerre faltig eingezogenes Band, Strippe, nd. *snirre* Schlinge, Dohne.
schnuppern schnüffeln, frequ. zu nd. *snuven* schnaufen.
schnurgeln räuspern, nd. *snoren* schnarchen.
Schrage Zunftordnung; in Hamburg die an einer Tafel öffentlich ausgehängte Verordnung; von isl. *skraa* schreiben. Skra in der Bedeutung „Schrift" kommt zur Zeit der Hansa in deren Niederlagen vor, nirgends sonst, auch nicht in den Ordnungen für die deutschen Vereine in Schonen, Dänemark, Schweden, Norwegen, zur Bezeichnung des aufgeschriebenen Gewohnheitsrechts jener Verbindungen niederdeutscher Kaufleute und Städte (Vgl. Sartorius, Urkundliche Geschichte des Ursprungs der deutschen Hanse, ed. Lappenberg *II*, 17).
Schuhjak eig. *Schubbejak* Lumpenkerl; ursp. der bettelhafte Mensch, der sich in seiner Jacke der Unreinigkeit wegen schubbt.
Schublade Schieblade, nd. *schuven* schieben.
schuddern schaudern.
Schummel schlecht und nachläszig gekleidetes Frauenzimmer.
Schummerung, schummern Dämmerung, dämmern.
Schups Stosz, *schupsen* stoszen, nd. *schup; schuven, schuppen*.
schuriegeln mit Arbeit quälen und meistern, nd. *schuregeln*.
Schüsze, nd. *schott* Unterlegung von auf Requisition statt der Postpferde gelieferten Bauerpferden; *Schüszsoldat* der Soldat, welcher mit Bauerpferden von Stadt zu Stadt bis an seinen Bestimmungsort befördert werden musz; *schüszen* mit unterlegten Pferden befördern; *Militärschüsze* Gestellpferde für die Truppen.
schwabbeln sich fleiszig oder weich hin und her bewegen; *schwabbelig* von fettem, hängendem Fleisch; *Schwabber* der Besen aus altem Kabelgarn zum Abtrocknen des Verdecks; nd. *swabbeln, swabbelig, Swabber*.
Schwade die Reihe, worin zur Linken des Schnitters das gemähte Gras oder Getraide zu liegen kommt, nd. *swad*, von *swade* Sense.
schwaps, schwups von einem raschen, klatschenden Schlag, nd. *swaps, swups* schnell.
Schwarte Schweinshaut, nd. *swarde, sware*.
schwelen ohne Flamme brennen; trs. das abgemähte Gras dörren und zu Heu machen.
schwiedig in gewählter Weise geputzt, nd. *swidig*; adv. *swid* sehr; subst. *Schwied* Geck.
schwiemeln schwindeln, ohnmächtig wanken, die Nacht durch schwärmen, nd. *swiemeln*.
schwiemen, beschwiemen ohnmächtig werden, taumeln, sich etwas antrinken, nd. *sweimen, swemen*.
schwuchten sich ausgelaszen vergnügen; nd. *swugten* mit Gottes Namen leichtfertig umgehen.

Seekante Strand; doch sagt man *am Strand*, *Strandgut*, *-recht*, *-offizier*, *-reiter*, *-wache*.
siech, Siechenhaus, nd. *seek*, *siek* krank.
Sode das ausgestochene Torf- oder Rasenstück; *absoden* den Rasen abstechen.
spaken eintrocknen, durch die Hitze Risze bekommen.
Span Eimer, gespr. mit ä.
sparrig gesträubt, kraus, buschig; locker, undicht.
Spergelthür Lattenthür, *nd sparen* Sparren.
sich sperkeln sich sträuben, sich sperren gegen etwas.
sperteln mit den Füszen zappeln, nd. *sparteln*.
Spicker der unerlaubte Zettel zum Ablesen bei Schülern; *spicken* sich eines solchen Zettels bedienen, *zuspicken* zurufen, *abspicken*.
Spieker Schiffsnagel, nd. *spiker*.
Spille Spindel, nd. *spille*; kleiner Holzspiesz zum Küchengebrauch, nd. *spilen*.
spillen, *verspillen* verschütten, umkommen lassen, unnütz verthun, nd. *spillen*; mit kleinen Holzspieszen durchstechen, nd. *spilen*.
Spillflick der, im Absatz des Stiefels.
Spinnwock Spinnrocken.
spintisieren nachsinnen, *ausspintisieren*.
Splint der junge, weiche, weisze Holzstoff eines Baumes zwischen Rinde und Kern, Spind.
Splinte plattes Eisen mit Feder, welches zum Festhalten dient; *versplinten* durch eine Splinte befestigen.
splinternackt ganz entblöszt.
spulen eszen, wie *hd.* oft spinnen.
Staken Zaunstange, Stecken.
Stellage Gerüst beim Bauen und Streichen der Häuser, nd. *stellasie*; oft statt dessen *Stallage* nach franz. *étaluge*.
sich sticken sich auf etwas freuen, nd. sich entzünden.
stippen, *einstippen* tunken, eintunken.
stochern wiederholt mit etwas spitzem, doch ungefährlich, stechen.
Stof Masz für Flüszigkeiten von ⅛ Tonne, nd. *stoop* Trinkbecher; *adj. stöfig* in Zusammensetzung mit Zahlen.
stoven Fleisch dämpfen, verdeckt kochen; *Stovbraten*; nd. *stoven*.
strammen trs. straff anziehen, auftreiben.
Strauch Reisich, nd. *struk*.
Strickbeere Preiselbeere, *Vaccinium Vitis Idaea*.
Striemel für das gebräuchlichere *Striemen*, nd. *stremel*.

Strippe Schlinge, Schleife zum Aufhängen an Kleidungsstücken, zum Anziehen an Stiefeln.
strippen streifend durch die Finger ziehen.
stripsen den Hinteren verhauen, *Stripse* Hiebe auf den Hinteren.
Strunt Kleinigkeit, unbedeutende Sache, doch auch von Personen häufig in Zusammensetzungen wie *Struntjunge*, *Struntmädel*, *Struntkerl*; nd. eig. Koth, *lat. struntus*, nl. *stront*, frz. *étron*, it. *stronzo*.
Stubbe Baumstumpf, nd. u. schw. *stubbe*, ags. *stebb*, *stybb*, isl. *stobbi*, nl. *stobbe*, e. *stubb*.
suddeln sudeln.
Tachtel Ohrfeige.
Takelzeug, *Takelvolk* schlechtes, unbrauchbares Zeug; geringes Pack.
Talje Sell, das über eine Blockrolle läuft.
Tick Eigensinn, Grille; nd. eig. Berührung mit der äuszersten Fingerspitze, dann aber auch *fig. he het sinen tick* er geht von seiner Weise nicht ab.
Timpficecke, estn. *timp-sai*; nd. *timpe*, schw. *timp* Ecke, Spitze : Wecke mit vier Ecken. Zu Engern in Westfalen (Freiligrath u. Schücking, „Das malerische und romantische Westfalen") wird noch jetzt jährlich am Dreikönigstage zu Ehren Widukinds ein Kirchenfest gefeiert, bei dem die Kinder Semmel empfangen, welche Timpen heiszen und nach denen die Feier den Namen „Timpenfest" führt.
tocken zupfen.
Tops Troddel; Tölpel; Lutschbeutel für Säuglinge.
Tracht hölzernes Schulterjoch zum Tragen von Eimern, nd. *dragt*.
Tragband Hosenträger.
trakeln das Futterzeug mit weitläufigen Stichen anheften, Reihfäden ziehen.
Tralje Treppengeländer, Geländer.
trappen treten.
Trense Lenkriemen am Pferdegeschirr ohne Stangen, nd. eig. dünne Schnur, Litze.
Trumm soviel Zwirn, wie zum einmaligen Einfädeln gehört, eig. Fadenende, bes. der abgeschnittene Rest des Einschlags von Lein- oder Wollgeweben, der aus Fäden von 1—2 Ellen Länge besteht; nd. *drom*, *drum*, auch mhd., ahd. das *drum*.
Trumme Röhre, eig. Trommel.
Tümmler Taumler, der halbkugelförmige Becher ohne Fusz, der sich schwankend selbst bewegt.

verbasen verschwärmen; *verbast* verschwärmt, dummerig.
verbumfeien durch Nachläszigkeit verlieren, unordentlich verschwenden od. verderben, nd. *verfumfeien.*
verklammen verquellen; vor Kälte erstarren, nd. *verklamen.*
verknillen verdrücken.
verknusen eig. herunterschlucken, ertragen, ahd. *firknussan;* nd. *knusen* quetschen.
vermaddern durch Ungeschicklichkeit verderben.
verpurren durch ungeschicktes Stochern und Bohren unbrauchbar machen, fig. durch ungeschickte Behandlung eine Angelegenheit schlimm machen; *verpurrt* gereizt, aufgebracht.
verspillen verschütten, *ags. spillan, schw. spilla.*
Volk Gesinde; davon *Volkskost, Volksstube.*
Wade das Zugnetz, das die Fischer im Waszer gehend nachschleppen.

waszerbügsch waszerhart. So nennt man den Boden, bei dem durch zu starken Waszerdruck die Bebauung unmöglich wird. Am nächsten liegt, an *nd. backen* kleben zu denken, so dasz ein *waszerbäkscher* Boden der wäre, bei dem das Waszer anhaftet: od. es ist zu vergleichen *bäke* Bach, früher auch — Quelle, so dasz ein quelliger Boden bezeichnet wäre. Aber was sollte dann die Voranstellung von Waszer?
Weddgericht, nd. *wedde, wite* Anklage, Geldstrafe.
Welling dünne gekochte Gersten- od. Hafergrütze.
Wittenhof Name einer Besitzung bei Reval.
wraken durch Prüfung ausscheiden; *subst. Wrake.*
Zipolle Zwiebel, auch it. *cipolla,* von *lat. caepula,* doch mit falschem *zw* statt *z* schon ahd. *zwibollo.*
zipp affektiert zartfühlend, zimperlich; *zeppen* aus Feigheit sich zurückziehen.

Das Verzeichnis liesze sich ohne Frage noch vergröszern, doch mögen die gegebenen Anführungen genügen. Auch Constructionen wie *bei sich habend* bei ihm befindlich, *daran habend, beihabend* u. ä., Adverbialbildungen wie *sachtlichen, stillichen, letzlichen* und Zusammensetzungen wie *Karlaonkel, Lisatante,* sind diese auch gleich nur selten, haben plattdeutschen Ursprung und erinnern die letzteren lebhaft an den Fr. Reuter'schen *Korlbrauder.* Und nicht minder begegnen uns in unserer nächsten Umgebung in so manchen Namen für Straszen und Thore niederdeutsche Klänge. Es sei erinnert an *Tönnisberg (nd. Tonjes* Anton), *Brokusberg, Süsternpforte, Lehmstrasze, Grünmarkt, Raderstrasse, Rit(t)erstrasze, Spukstrasze, Ruststrasze* (verderbt zu *Ruszstrasze,* weil gegenwärtig eine ruszische Kirche dort steht), *Weckengang, Reperbahn, Mund(t)enstrasze.* Bei der Bezeichnung als Strasze, Gasze, Weg, Gang, Steg (Falkensteg, Commandantensteg) ist auffallend, dass eine der spätesten und in ihrer Bauart modernsten Straszen den Namen Gasze führt (die Neugasze), während fast alle älteren, auch wenn sie enge und kurz genug sind, ihre ursprüngliche Bezeichnung als Gaszen mit der vornehmer klingenden Strasze vertauscht haben.

Neben nd. *Bütte, estn. püts,* tritt, dem Hochd. entnommen, der Zuber *(ahd. zwipar,* von *zwei* und *përan* tragen, das Gefäsz mit zwei Griffen); dem entspräche der *Eimer,* ahd. das *einpar,* statt dessen aber — denn *Ember, estn. ämber,* Ammer wird nur selten gehört — der nd. *Span* allgemeine Aufnahme gefunden hat.

Gut niederdeutsch ist auch die Vorliebe für die verdoppelten *mediae,* die wir im Hochdeutschen nur spärlich anwenden. Ich nenne:

babbeln, blubbern, bubbeln, gnabbeln, gnabbern, gnibbeln, kabbeln, kibbeln, klabberig, Knobbe, Knobber, Knubbe, knubbern, kribbeln und *wibbeln, labbern, quabbeln, rabbusig, sabbeln, schlubbern, schlubbern, schwabbeln,* Stubbe*; baddeln, broddeln, bruddeln,* Buddel*, buddeln, duddelig, fludderig, flidderig, fludderig, gnaddern, gniddern, gnuddern, sich verheddern,* Kladde*, kladdern, koddern, lodderig,* Modder*, moddig, pladdern, pludderig, schluddern, schmuddeln, schnuddeln, schuddern, suddeln, verknuddern, vermaddern;* Knagge*; ja sogar vermiggern* gegenüber dem nd. *micke* (ein zartgliederiges Kind von schwächlichem Aussehn), *Kragge* Mähre nd. *kracke, schabbern,* nd. *schaven, schnaddern* nd. *snatern.* Dagegen ganz vereinzelt *Kriebelkrankheit* für nd. *Kribbelkrankheit.*

Gleichen Ursprung hat die häufige Verwechselung von *stechen* und *stecken:* „er sticht in alles seine Nase"; „der Tell aber stach den Pfeil in seinen Köcher"; „ich steche ihn ins Corps, da wird er parieren lernen". *Nd. steken* umfaszt beide Bedeutungen. — Ebenso verhält sichs mit Wendungen wie „meiner Schwester ihr Hut", „mein Bruder sein Buch". Der Niederdeutsche, der von dem *gen. poss.* nur in ganz besonderen, seltenen Fällen Gebrauch macht, drückt sich ganz gewöhnlich so aus „min fader sin garden". — Ueberbleibsel des früher unter uns gesprochenen Plattdeutschen sind auch solche Bildungen wie Längde, Krümde, Frohnde, Högde, Nägde, Wärmde, enkeld, engder, längder; es ist die verblaszte *altd.* Endung *ida,* wie sie *hd.* sich noch z. B. in Gierde, Zierde, Fehde, Gemeinde, Freude, Sölde, Geberde, Begierde, Behörde, Beschwerde u. a. erhalten hat.

Auch in den schiffsmäszigen Bezeichnungen behaupten die dem Niederd. bzw. Niederl., hin und wieder dem Schwed. od. Engl., entnommenen Ausdrücke fast die Alleinherschaft, so sehr, dasz sie zum gröszeren Theil, oft nur unmerklich verändert, auch im Estnischen sich wiederfinden. Die meisten derselben sind auch ins Ruszische übergegangen. Ohne auf Vollständigkeit Anspruch zu machen, führen wir an:

Achterdeck, -flagge, -kastell, -segel, -spegel, Backbord die linke Hinterseite des Schiffes, *Baumsegel, Besanmast* Hintermast, *Besansegel, Bogspriet, Boje, Boileine, Boiseil, Bording* verdecktes Flachboot, *Brammast* Obermast, *Bramstengen* die Querstangen am Brammast, *brussen* die Segelstangen mittels der Brassen anziehen und richten, *Bratspille* Welle zum Aufwinden des Hauptankers, *Bug* Vorder-, Hintertheil des Schiffes; Schiffswendung *im Segeln, Dragge* Anker mit 3—4 Haken auf kleinen Fahrzeugen, *draggen* den Anker nachschleifen; *intrs.* schleppen, vom Anker, wenn er nicht faszt, *fieren* ein Tau, nachlaszen, *Fockmast* Vordermast, *Fockschote, -segel, -wand, der Gaffel* Raa mit gabelförmigem Ende zum Aufziehen des groszen Baumsegels, *Gangspille* senkrechte Winde, *Halsen* Halttaue zum Spannen der Segel, *hieven* den Anker, aufwinden, *hissen* in die Höhe ziehen, *Jolle* kleines vorn und hinten spitzes Ruderboot, *Jungfer* die dreilöcherige Scheibe, in der die Halttaue befestigt sind, *Kabel, Kajüte, katten, aufkatten* den Anker, *Kausche* platter eiserner Ring mit umgebogenen Rändern, *kielholen* unter dem Schiffskiel zur Strafe durchziehen; das Schiff behufs Ausbeszerung auf die Seite legen, *Kinke* in einem neuen Tau zusammengelaufene Schlinge, *Klüfocksegel* das kleinere Focksegel vor dem gröszeren, *Klüverbaum* die hervorstehende Stange am Schiffsschnabel, *Klüversegel* das vorderste dreieckige Segel am Klüverbaum, *Koje, Kol'erstock* Handhabe am Steuerruder, *Kordel* Segelseil, *Kuff* den Schmacken ähnliches Schiff, *Kutter (e.)* einmastiger Schnellsegler, *Langboot, Lauftau* das über eine Blockrolle laufende Tau, *Leik* Einfaszstrick am Segel, *Leuwagen* Bürste an einem Stiel zum Reinigen des Schiffsverdecks, *lichten* ein Schiff ausladen auf kleinere Fahrzeuge; den Anker vom Grund aufheben, *Lichterschiff* Ausladungschiff, *Logg, loggen, Logleine* zum Meszen der zurückgelegten Weglänge, *Lothblei, lothen, Lotse, Marssegel* Hauptsegel, *Niederholer* Schiffsseil zum Herabziehen, *Pallern,*

Pullerkasten, *-stock* an der eisernen gezahnten Scheibe der Bratspille, in deren Kerben beim Winden ein Sperreisen fällt, *Pram* Flachschiff zum Uebersetzen, *Rua Segelstange*, *Raasegel*, *Rabateisen* stumpfes Kalfatereisen, *Reef* kleines Segel, das bei starkem Wind an ein groszes angesetzt wird, *reffen* die Segel, einziehen, *Ruderpinne* Handhabe am Steuer eines Boots, *Säsing* kurzes glattes geflochtenes Tau zum Festmachen der Segel, *Schalupe*, *schlingern* vom Rollen eines Schiffs, *Schönfahrsegel*, *Schote* Seil zum Befestigen des Segels an die Wandseite, *Schute* Holzboot; kurzer, breiter Dreimaster, *Schwabber* Schiffsbesen aus altem Kabelgarn, *Schwartenbrett* Schalkante, *Sorring* Seil zum Festbinden (Sorren) von Booten, Fäszern etc., *Spiere* (nL) kurze Segelstange, *Spille* Winde, *Spillspaken* Stange zum Drehen der Ankerwinde, *Spreitsegel*, das *Stag* den Mast vorn festhaltendes starkes Tau, *Stenge*, *Steven* Vordertheil des Schiffs, *Stoszlappen* aufgesetztes Stück am Segel, um eine Stelle zu verdoppeln, *Stropp* ringförmig zusammengespleisztes Tau, *Stürbord* die rechte Hinterseite des Schiffs, nach der Stellung des Steuermanns gerechnet, *Tulje* über die Blockrolle laufendes Seil, *Toppmast* Bramstange, *Toppsegel*, *Wanten* Halttaue für den Mast, *warpen*, *Warpanker*, *-leine*, *-tau*, *Warpspille* Winde zum Aufziehen des Warpankers, *Wasserstag* das den Bugspriet haltende Tau.

Andere Ausdrücke begegnen uns, die, dem hochd. Schriftdeutsch gleichfalls fremd, doch nicht dem Niederd. entstammen. Wir haben sie uns aus allen deutschen Gauen geholt. Selbst der Süden und die Schweiz sind nicht ganz unvertreten.

Aam, *Amen*; *estn. am* das Stückfasz, die Waszertonne, Ohm, verwandt mit nd. *ammer* Eimer, weist uns ins Bremische, ebenso wie *belemmern* belästigen, überbürden, bekramen; *achen* seufzen, nach dem Mrhein; *barsch*, nd. *basch* herb, kratzig, von Butter, Speck, Käse, Sehmand, Nüszen u. dgl. gebraucht, nach Gött.-Grubenhagen; *brauchen* medizinieren, nach Ostpreuszen und Mdeutschld; *britschen* zu Schaden bringen, *gebritscht*, nach Md.; *brubbeln* unverständlich in den Bart brummen, nach Heszen; *dachteln* ohrfeigen, nd. *tachtel* Ohrfeige, nach Baiern; *Dez* der Hintere, nach Md.; *ducksen* tückisch zurückhalten, nach Heszen und Baiern; *düsteln*, *ausdüsteln* mit kleiner Arbeit sich abgeben, nach Thür. u. Heszen; *Duster*, *duster*, *dustern* vom Halbdunkel, nach dem Mrhein (gewöhnlicher Schummerung, *schummerig*, *schummern*); *flennen* plärren, weinen, nach Nd. u. Sd.; *flintschend*, *flintschig* — vom breit gedunsenen, „ausgefloszenen" Gesicht wird *fluntschig* gesagt — durch und durch nasz, nach Schlesien; *flutschen*, von Schuhen, leicht an und aus gehen, nach Aachen; *Franje* Franse, span. *franja*, nnl. *frunje*, nach Md.; *fremden* vor Gästen scheu sein, nach Baiern und der Schweiz; *Fussel*, *fusseln* trs. *ausfusseln* Faser, fäsern, weist in der Form nach der Altmark und Heszen (*Fisseln*, *Fesseln*), im Vocal nach Nd., wo *fussig* = locker, lose; *fussern* intrs. fasern, *fusserig* faserig, vom Zeug, nach Ostpreuszen, wo *fossern* trs. = ausfasern; *Gemächte* nach dem Mrhein, wo das *Gemechte*; *gewittern* nach Süddeutschland, auch mhd. und später oft bei Murner *es gewittert*; *graulärig* nach dem Nrhein (*graulich*) und Pommern (*graulerig*); *Grand* grober Sandkies, nach Braunschweig; *Grassaten fahren* Kreuz- und Querfahrten machen, nach Gött. — Grubenhagen (*Krassaten*); *grisseln* schaudern, nd. *gresen*, in der Form nach Heszen (*gruseln*), in dem Vocal nach Nd. (*grislik* grässlich, schauderhaft); *Haken* als Flächenmasz von ungleichem Gehalt, dem ursprünglich die Leistungsfähigkeit eines Hakenpflugs in einer bestimmten Zeit, etwa einem Tage, zu Grunde liegt (vgl. Livl. Urk. Nr. 237. 1474. 1824.), nach Westfalen, wo eine gewisse Art des Pflugs so hiesz, wie noch heute in Pommern und der Oberpfalz. Aehnlich böhmisch-deutsch *Krombe*, d. h. *Krümme* die Pflugschar. Heyne in Gr. W. *IV* berichtet denn auch die Meinung Grimms, als ob der Haken slavischen Völkern, der Pflug dagegen den Deutschen eigen sei, dahin, dass der Haken als der allgemeine Vorläufer des Pfluges sowohl in slavischen wie in deutschen Gegenden getroffen werde, wo entweder, wie in Gebirgsgegenden, die geringe Ausdehnung des Ackerlands auf die Verbesserung der Pflugwerkzeuge nicht geführt hat, oder wo die Bevölkerung, und das trifft bei uns zu, am Altüberlieferten zäh festhält; davon gebildet *Häkner* Besitzer eines Hakens Land, *Hakenrichter* Landpolizeimeister; *hicken* aufstoszen, den Schlucken haben,

(*Hicken*) erinnert an schweiz. *hicken, schwed. hicka; Hubel* Hobel, nd. *hövel*, weist in die Wetterau; *Huschel f.* unordentliches Geschöpf, nach Heszen; *Kahlfrost* Baarfrost, ohne Schnee, nach Ostpr.; *sich kampeln* zanken, balgen, nach Md.; *kanten* behauen, mit Kanten versehen, *ungekantet* unbehauen, nach Franken; *kaponieren* kaput machen, schlachten, *fig.* verzehren, nd. *kaputneren* entzwei schlagen, ostpr. *kapnieren* verschneiden, nach Sachsen; *katern, ab-, an-, auf-, aus-, be-, umkatern, Umkaterung* vom ungeordneten Legen und Stellen der Sachen, nach Pommern (*ümkatern*); *Keuchel* Küchlein, nach Ostpr.; *klingern* die seltenere Iterativform zu *klingen*, nach Nfriesland; *knallen* prügeln, hart anschlagen, in allen möglichen Zusammensetzungen, nach Sachsen; *Kober* Deckelkorb, nach Mdeutschland; *Klops* Speise aus mürbe geschlagenem Fleisch, nach Ostpr.; *Knips* Knirps, nach Thüringen; *Knobloch* Knoblauch, nd. *knuflook*, nach Mdeutschland; *knuffeln, knuffelig* von mühsamer kleiner Arbeit, nach Pommern und Heszen; *knuffen* puffen, Faustschläge geben, nd. *karnuffeln, knuffeln*, nach dem Osnabr.; *knutschen, knautschen* quetschen, verdrücken, verstärktes *knusen*, nach der Altmark und Heszen (*knutschen, knutscheln*); *Klumpsack* Plumpsack, nach Nordd.; *kariolen* ohne Ende fahren, „*kadaien*", nach Baiern und Oestreich; *Klinke*, altclev. und mrhein. *clynk, schwed. klinka*, nach Md.; *krackeln, krackelig, Krackelei, Krackelfüsze* von unordentlichen Schriftzügen, nach Gött.-Grubenh.; *Krimskrams* Gerümpel, nach Pommern; *Krus* Krug, altmärk. *krös, dän. krus, e. crus*, nach Nbeszen; *Kladderadatsch* Zusammenbruch, allgemeine Auflösung, nach Nd.; *krölen* juchzen, grell aufschreien, nach Md.; *Mos* Mus, nach Pommern; *murksen* mühsam und unförmlich schneiden, *abmurksen* erwürgen (*nd. afmucken*) nach Nheszen; *nutschen* saugen, lutschen, nach Baiern (Für *Lutscher* kleiner Saugbeutel für Kinder wird *Zulp* gebraucht, das an *fränk. zullen* am Sauglappen saugen erinnert); *pantschen* mit der flachen Hand durch einander schlagen und mischen, nach Schlesien; *Plahnwagen* der mit grobleinenem Zeug, Plahne, überzogene Wagen, nach Sachsen und Schlesien; *plantschen* überschütten, von Flüszigkeiten, nach Md.; *plätten, Plätteisen, Plätterin* bügeln, nach dem Clevischen (*pletten*), nd. *streken, striken; puscheln* langsam arbeiten und nichts beschicken, erfolglos in etwas herumwühlen, nach Ostpr.; *rajolen, rigolen*, nd. *riolen* die Erde mit dem Spaten vom Untergrund an die Oberfläche bringen und so ein Stück Land furchenweise umgraben, nach Nd.; *Rübsen* Raps, Reps, nach Obersachsen; *ruscheln* rascheln, rauschen, nach Ostpr.; *Runken, Runge* übermäszig grosze Brotschnitte, nach Heszen; *Schmand* Rahm, Sahne, nach dem Clevischen, *böhm. smetana, rusz. smetana*, Wien *Schmetten*; *schnodderig* frech, naseweis, nach Gött.-Grubenh.; *Stacket* Zaunstaken, nach Westfalen; *Spadel*, viereckiges Achselstück am Hemd, nach Aachen; *schurren* auf dem Eise glitschen, nach der Altmark; *sputen, sich sputen* eilen, nach Gött.-Grubenh.; *Striezel* längliches Backwerk aus Weiszbrotteig, scheint aus Schlesien eingewandert, dessen *Strützel*, baier. und tyrol. *Struze*, mhd. *Strutzel, schwed. strut, dän. strutte* dem *pl. praet.* des *ahd. striozan* sich dick machen entstammt; *Schmiere pl.* Hiebe, „Schmiere besehen, beziehen etc.", nach Heszen; der *Schranken* Schrank, eig. wohl *plur.*, schon *mhd. Schrank*, weist nach Baiern; *Seidel* Bierschoppen, nach Baiern; *Steven*, Vordersteven die Schärfe am Vorderbug des Boots vom Kiel aufwärts, nach den Niederlanden; *verplempern* unnütz verthun, mit Kleinigkeiten verschwenden; *verplempern* aus Müsziggang sich zu frühzeitig verlieben, nach Gött.-Grubenh.; *verruscheln* in Unordnung bringen, nach Ostpr.; *Wuhne* Eisloch, *schwäb. Won, schweiz. Wone*, Eisschrunde, nach Schlesien (*Buhne*); *Wadman, Wadmal* in der Bedeutung „grobes Bauertuch" hat Pommern zur Heimat. Nd. finden wir nur das einfache *wad* gewebtes Tuch, das auf *mhd.* und *ahd. wat* zurückweist, von *wëtan, praet. wat*, binden, *altnord. wammael, watmael, watmel = leinwat, isl. vadmal, dän. vadmel, lett. wudmals, estn. wadmal* grobes Tuch zur Kleidung (*„pannorum qui teutonice dicuntur Wammael*": Sartorius a. a. O. *II*, 57. — *„quo pretio sal aut Watmal": Origines Livoniae, ed.* Gruber 56), *alte. Waddemole, neue. woadmel, woddenell* (vgl. *Antiquitates Ambrosiodunensis parochiae, ed. Vitus Connet, Oxon. 1695*. „Nach ihrem dode ein *Watmale* vom *gebusem*", vgl. J. Grimm, Rechtsaltertümer 946). *Md. watmúl* finden wir als Beinamen Hartmanns von Grumbach, Hofmeisters des Deutschordens, der das Tuch zur Kleidung der Brüder einführte; *Wuhne* Eisloch begegnet uns als *Bune* in Schlesien, schw. *Won*, schweiz. *Wons* die Eisschrunde; *sich zermautbartschen* sich abarbeiten, sich abquälen, weist nach Nd.

Einzelne Formen haben sich unter uns erhalten, die über die noch gesprochenen Dialekte hinaus in ein zum Theil hohes Alter zurückweisen, nur wenige darunter bisher schon erwähnt. Dahin gehören:

abmardchen aufs äuszerste ermüden, *trs.* u. *intrs.*, von *ahd. marac* Mark, so dasz das Wort, mit *mergeln* zusammenzustellen, — bis ins Mark entkräften. So auch in Holstein *sich afmaracken* abstrapezieren, in Meiszen *sich abmarachen*. — Oder ist, nach Analogie von *sich abrackern*, eig. wie ein Schinder sich quälen, an *ahd. marach* Pferd, Mähre zu denken, wie man auch für schwere Arbeit „Pferdearbeit" sagt? *Alberling* mit der ursprünglichen Form *alber* ohne das unorganische *n*, auch *mhd. alwaere.*

Bauerfriede das ganze einem Bauer gehörige Grundstück, so dasz *Friede* seine alte Bedeutung „Schirm, Schutz, Zaun" und davon abgeleitet die des Umzäunten, Eingefriedigten behalten hat.

beiern intrs. mit dem Klöppel an den Rand der Glocke schlagen, auf Schiffen und sonst gebraucht, *mnd. beiern.*

Bolzen ein Stück aufgewundene unverschnittene Leinwand von 50 und 100 Ellen, *mnd. bolte, bolten*; der Grundbedeutung von *ahd. polón* drehen, werfen entspricht es, wenn man auch die Scheiben geschmolzenen Wachses *Wachsbolzen* nennt.

Bording eine Art kleiner einmastiger, seehaltender Fahrzeuge, wie sie unter gleichem Namen auch in den ost- und westpreuszischen Häfen vorkommen, *mnd. bording.*

Bork m., *nd.* und *hd. Borke* f., aber *altn. börkr, schw. bark, estn.* mit Lautumstellung *korp.*

sich brasseln balgen, fälschlich mit *russ. borótza* oder mit *Bratze, bras, embrasser* zusammengestellt, vielmehr als Reflexivform von *ahd. prazalón, nd. brasteln, bratzeln* rauschend niederschlagen abzuleiten und stammverwandt mit *Brass, mnd. bras, brasche, nhd. Brast* Risz (bersten), Krach, Lärm, Gebrüll, Menge, Plunder, wofür auch hier *Brast*, während *Brass* hier ein einfaches Lager an der Erde, auf Heu oder Stroh, bezeichnet, wie es meist für eine gröszere Gesellschaft hergerichtet wird; *ahd. prazelig* rasend, hoch aufgeregt.

Brustacker, zusammenzustellen mit *mhd. brust* Bruch, *ahd. prëstan* bersten.

bullern brodeln, kochend aufwallen, Blasen werfen, *mnd. bulgern, altn. bulla.*

Dacht statt des verderbten *Docht, mhd. täht, ahd. dâht, altn. thâttr* Lichtfaden.

Dreskammer Sakristei, *ahd. drëso* Schatz; in Bremen, Hamburg und Lübeck ist *Trese* das geheime Archiv, in welchem die ältesten und werthvollsten Urkunden aufbewahrt werden.

Dwehle Handtuch, *schw. dwala, lett. dweelis, hd. Zwehle, mnd. dwele, mhd. twehele, ahd. dudhila*, von *duahan, mnd. dwân* waschen.

enzwei, inzwei, wie auch *ahd.* und *mhd.* für das spätere aus Misverstand hervorgegangene *entzwei.*

Fasel Federvieh, zahmes Geflügel, *ahd. fasal, mhd. vasel* junge Brut, *westf.* auch Fischbrut. Wir bilden davon auch *Faselhof* Geflügelhof, *Faselkerl* Knecht, der das Geflügel zu besorgen hat, *Faselweib, Faselmädchen.*

Flies der Kalk, welcher den Untergrund von Estland bildet, *Fliesen* die vierbis achtzölligen Platten, die aus den Kalkablagerungen dieser Formation gebrochen werden, *altn. flies* Splitter, *estn. plit.* Der waszerhaltige, der zum Häuserbau nicht taugt, heiszt *Waszerflies.*

Gemächte pars virilis, *mnd. mechte, ahd. gimaht* Macht, Kraft.

Gräne Fichte, Rothtanne, *pinus abies*, *ags. gréne* grün, *schw. gran* Tanne, während bei uns die Kiefer, Föhre *pinus sylvestris* Fichte oder Tanne heiszt.

Grusz grobes Steingeröll, *mhd. grúz*, *mnd. grûs, nhd. Grausz.*

hei sein befangen, niedergeschlagen, aus Furcht still sein, *ahd. hei* heisz, verbrannt, ausgetrocknet, versengt.

Heirauch, auszer bei uns nur noch in Baiern mundartlich, statt des unsinnigen *Heer-, Haar-* oder *Höhrauch*, der seit der zweiten Hälfte des vorigen Jahrhunderts schriftmäszig geworden ist; *ahd.* und *mhd. gihei, gehei* Hitze.

Kaff Spreu, Getraidehülsen, ausgedroschenes Stroh, mhd. *kaff*. Davon *Kaffkorn* Rozgen mit Spreu gemischt, *Kaffsack*, *Kaffscheune*.

Katze Reitzhaken zum Vorzeichnen der Linien auf Bauhölzern. Wurfhaken beim Löschwesen zum Niederreiszen von Wänden, Zughaken zum Heben gesunkener Gegenstände; von dem Wort in der ersten Bedeutung das verb. *katzen* Balken mit eingeriszenen Linien zeichnen, *zusammenkatzen* nach solchen Linien aufeinander passen.

Kerl in der altclev. Bedeutung „Dorfmann", keineswegs verächtlich, in zahlreichen Zusammensetzungen, oft = *nhd*. Bursch: *Arbeitskerl*, *Eintags-*, *Fasel-*, *Fusz-*, *Haus-*, *Hofs-*, *Holz-*, *Kirchen-*, *Kleten-*, *Los-*, *Milch-*, *Post-*, *Riegen-*, *Tross-*, *Vieh-*, *Wachtkerl*.

Klamps Groszes Stück Brot, Runken, mhd. *klampe*.

Knopf Knospe, älter nhd., jetzt ungebräuchlich, bei uns auffallend, da wir eher nd. *Knobbe* erwarten sollten.

Knucke zusammengedrehtes Flachsbündel, bestehend aus 3 bis 4 *Risten* od. *Strehnen*, mnd. *knucke*; *knucken* den Flachs in Zöpfe binden.

Kodder abgeriszener Kerl, *kodderig*, *verkoddert* zerflickt, lappig, mnd. *kodden* flicken.

Koder das hangende Fleisch unter dem Kinn, Doppelkinn, Wamme, mnd. *koder*.

Köte Gelenk über der Feszel des Pferdefuszes, genauer die Junctur des Schienbeinknochens und des Unterfuszes, Fersengelenk, mhd. und mnd. *kote*, *kotte*, *kate*.

Kraken m. das grosze fabelhafte nordische Seeungeheuer, norw. *krakje*, estn. *krak*.

Kullerkup Trollius Europaeus, estn. *kulderkup*, inselschw. *gylderknup*, *gullklocka* (vgl. Russwurm, Eibofolke *II* vor.), von ags. *gold*, goth. *gulth*, und ahd. *choph*, *chuph*, roman. *coppa* hohlrundes, becherförmiges Trinkgefäsz.

Landschaft Einwohnerschaft einer Provinz auf dem platten Land, besonders die grundbesitzliche.

Lode Jahresschöszling, Sprosz, Zweig, nhd. *Lote* junger, schlank aufgewachsener Baum, mnd. *lode*, altclev. *laide*; ahd. *liotan*, goth. *liudan* sproszen, wachsen.

Mengkorn aus zwei Kornarten gemischte Saat, mnd. *mankkorn*.

Mesche, *einmeschen* Meische, Malz, mnd. *mesch*, estn. *mesk*.

Mos Mus, gezuckerter Fruchtsaft, mhd. und mnd. *mús*, mnd. und ahd. *môs*.

Mündrich Bootführer, welcher Waaren, Ballast etc. vom Ufer an Bord und umgekehrt von Bord des Schiffes ans Land schafft, mnd. *munderke*.

Näiherin die ältere Form für Näherin.

Nappe Holzschachtel aus Baumrinde, die den Bauern als Buttergefäsz dient, nd. *napp* Holzschüszel, ags. *nappe*.

paar, *unpaar* adj. gleich, ungleich, wie mhd. und ahd. *par* und *bâr*.

Puudel Speispuddel, Speisekorb, ahd. *putil* Korb, Schachtel.

Queste Büschel aus gedrehten Fäden, B. aus jungen belaubten Birkenzweigen, mhd. *quast* Badeschürze, ahd. *quästa* Zweig- und Blätterbüschel, von alte. *quistr* Baumast; *questen* mit solchen Büscheln im Bade streichen.

quillen quellen, mhd. *quellen*, aber ahd. *quellan*, mit prs. *quillu*, *quillis*; auch nd. *quillen* in der Bedeutung aufschwellen, und häufig bei Goethe.

ratzen prügeln, hauen.

Riese f. Streifen, Rille in Stein, Holz, Erde oder einem anderen Stoff, altn. *rifa* Ritz, Spalte. *Nd.* *rifeln* streifig machen, Furchen ziehen, *gerifelt* streifig, canneliert.

Riemsalz das leichte Salzen der Fische, welche nicht zu längerer Aufbewahrung bestimmt sind, ahd. *rim*, altn. das *hrim*, ags. *hrim* Reif *pruina*, schon mhd. *rîfe*, nd. *rip* Salz, das wie ein leichter Reif die Fische überzieht, schw. *rimsalta* mit Salz besprengen, estn. *rim-* und *riw-sol*.

Riesel Abzugsgraben auf Wiesen, ahd. *risil*, mhd. *riesel* leichtes Getröpfel, nhd. nur noch als verb. *rieseln*.

sagen, Sagebock, Sagespäne, mhd. *seyen*, ahd. *sagôn*, subst. *segâ*, *sagâ*.

Schachtel Schieblade, nd. *schaffel* Schrank, altn. *skatr* Steuer, Zoll, mlat. *scatula* Schrank, älter nhd. *Schachtel*, aber in anderer Bedeutung.

schlink schlank von langsamer Fortbewegung, mit durch Lautanklang verstärkter Zusammenstellung von as. *slinkan* kriechen, sich langsam fortbewegen, und nd. *slankern*, *slackern* wackeln.

schmieden von Pferden, die Vorder- und Hinterhufe beim Laufen zusammenschlagen, as. *smitan* schlagen, schmeiszen.

schmilzen schmelzen, nd. *smulten*, mhd.

smélzen, ahd. smélzan mit dem *praes. smilzu, smilzis.*
Schute kleines mast- und segelloses Boot, oder kurzer, breiter Dreimaster, *nd. schûte, mniederl. schute, altn. skúta* kleines leichtes Schnellschiff.
Spergelthür von *ahd. sperran,* durch Lautangleichung aus *sperjan.*
splitzen Taue, spleiszen, *Splitzwisen, mhd. splizen, altfr. splita, mhd. spliten.*
Stadöl, Stadölls Stall am Bauerkrug, *bair. u. östr.* noch mundartlich für Scheune, *ahd. stadal, ags. stadol* Stätte, *altn. stödull* Stall.
Strenze unordentliches, flanierendes Mädchen, *nd. strunze (strenze = Mutterpferd),* älter *hd. Stranze.*
Tegel Tiegel, *ahd.* und *mhd. tëgel, dëgel, lat. tegula.*
Tille Leuchtertrichter zum Aufsetzen der Wachslichtchen am Weihnachtsbaum, *mhd. tülle* Lampenröhre, Trichter des Leuchters.
Toss Einfaltspinsel, Schlafmütze, Träumer, das *subst.* zu *nd. düsig, dösig* taumelig, läszig, dumm, *mnd. doselechtich; adj. tossig,* wovon die *Tossigkeit.*
Tritze Winde, Rolle am Webstuhl, *altn. tryss.*
Tross Gepäck, Fuhre, im mittelhochd. Sinn, und davon *Trosskerl, Trosswagen, mhd. trossen, nhd.* nur noch = Heergepäck.
für ungut nehmen, wie *mhd.* und *ahd. verguot, unguot,* auch *nnd.*

Viehburg Einhegung für das Vieh, *ahd. purc, puruc, goth. baúrgs* mit Mauern umschlossener Ort.
Viehgarten in der uralten, noch dem *Goth.* entstammenden Bedeutung von Gehege, Einzäunung, *goth. gards, altn. gardr.*
Wecke als Gebäck, *ahd. wecki Keil* von *wëjan* schwingen, urspr. wohl als heiliges Opferbrot Nachbildung des Thorschen Donnerkeils; Zusammensetzungen sind *Weckengang, Weckenweib. weitläuftig* die bis ins 18. Jahrh. übliche richtigere Form für das im Schriftdeutsch in Aufnahme gekommene *weitläufig.*
Welp, pl. — en das Junge von Hunden, *mhd.* und *ahd. welf* das Junge wilder Thiere, aber *as. hvělp, altn. hvělpr,* wie *schw. valp,* das Junge namentlich von Hunden.
Widme, Freigut, *nd. wedem,* aber *mhd. wideme, ahd. widamo* Wittum, Stiftung.
Wiek der eine von den vier estländischen Kreisen, der besonders stark eingebuchtet ist, *altn. vik* (der *vikinger* = Buchtenplünderer), *nd. inwiek* Busen, Bucht, *altn. vician* mit dem Schiff einfahren, von *vikja* weichen; *Wiek* also ein Land, dessen Küste zurückweicht.
Wirt Hausherr, Familienvater, wie *mhd.* und *ahd.*
Zarge Einfassungsgrund, in welchem der Mühlstein läuft, *mhd. zarge.*
zergen necken, zerren, wie *ahd. zerjan,* woraus durch Assim. *zerran.*

Es ist in der deutschen Sprache nichts unerhörtes, dasz ein oder das andere Wort in früherer oder späterer Zeit über die Grenze geht, sich jenseits desselben unter fremden Volksgenossen tummelt, Verbindungen schlieszt, die landesübliche Tracht annimmt und nach langen Tagen erst auf die Rückkehr denkt, um in dem modischen Gewand des Fremdlings, von den Wenigsten erkannt, wieder in die alte Heimat einzuziehen. So ist es gegangen mit *Balcon, Bandage, Bande, Bivouac, blessieren, Bresche, filtrieren, Fourage, Fourier, Galop, Garde, Garderobe, Garnison, hantieren, Hellebarte, Loge, Lotto, Marschall, Marquis, Rang, rangieren, Robe, Scharmützel, Schärpe, Schmalte, Spion, Suppe, Tanz, Tartsche, Tasche, Topé* und mit wie vielen anderen! So sind auch bei uns schon in früher Zeit durch die estnische bzw. rusziche Sprache aus dem Germanischen einzelne Wörter herübergenommen worden, die wie fremde später wieder in unserer deutschen Mundart Aufnahme fanden und gewöhnlich für estnischen Ursprungs gehalten werden. Dahin gehört:

Ahm Ohm, *ôme,* älter *âme, ahd. âma, altn. âma, estn. am.*
Breze der an der Brust getragene, in einer Spange bestehende bäuerliche Frauenschmuck, *estn. prez,* während das echt estnische Synonym *sõlg* ist,

schw. brëska, frz. broche, hd. breis, altn. bris, mnd. brace, brese, bretze = nodus, compages — das Halsband der Freyja heiszt *brisinga men, ags. brosinga mene* —, als verbum *mhd brisen,* noch jetzt *schweiz. brisen* schnüren, nesteln.

Kaddak Wacholder, nd. *kaddik, estn. kadakas.*
Karp Schachtel, nd. *karpe* Holzkiste; insbesondere hieszen solche so, in denen von Astrachan Unschlittlichte eingeführt wurden, *estn. karp.*
kis! kis! höhnender Ruf der Schadenfreude, = *ätsch! ätsch!* erinnert an altn. *kisa, kisi* Katze, eine Verwandtschaft, die noch deutlicher in dem Lockruf für Katzen *kiso kiso, estn. kiz kiz* hervortritt.
Klaibbrot Laib Brot, das grosze Bauerbrot, von dem ein Bauer die ganze Woche zehrt, *goth. hlaifs, ahd. hlais, ags. hláf, rusz. chljeb, lit klepas, lett. klaipa, estn. klaibakas* groszes Stück Brot.
Kule Bast- oder Mattensack, in welchem in Ruszland das Getraide und Mehl verführt wird, dann auch, da jede *Kule* ein Tschetwert oder drei Lof enthält, eben dieses Masz bezeichnend, aus dem Ruszischen herübergenommen, wie es scheint, nicht vor der zweiten Hälfte des vorigen Jahrhunderts. Das seinem Stamme nach nicht slav. Wort weist zurück auf *lat. culeus, hd. Keul, nl. kuil, altn. kyll* Sack, *rusz. kulj, lett. kulle, lit. kullys, estn. kuli, arab. djoull, pers. djouvall, gr. κουλεύς;* im Rusz. ein Sack aus Lindenbastmatten für Mehl, Korn und Salz, jene etwa 3¼ Arschin lang, 1¾ A. breit, 16 Pfund schwer, diese etwa 10 und 6 Pfund schwer. Auch im Rusz. schon Getraidemasz, und zwar = ein Tschetwert Roggen von 9 Pud 10 Pfund, ein Tschetwert Hafer von 6 Pud 5 Pfund.
Lurjes Schlingel, Lümmel, Lotterbube, *isl. luri,* erinnert an *schw. lurk* Schlingel, nd. *luren* faulenzen, davon gebildet *Luribammel, estn. lurjus* von *lurjama* umherschlendern.
Pihlbeere, Pihlbeerbaum Beere und Baum der Eberesche, *ahd. pihla, estn. pihlakas.*
Sade groszer Heuhaufen auf dem Felde, *finn. sato. aschw. sata, nschw. sata, sate, altn. sata* von der Wurzel *sat* in *sitja, setja, estn. sad* g. *sau,* dial. *sat* g. *sader* (vgl. Thomsen a. a. O.)

Durch die eigenartige Geschichte der baltischen Provinzen begründet, finden sich die alten urwüchsigen, kernhaften Ausdrücke nirgends zahlreicher erhalten, als bei den Institutionen deutschen Ursprungs, ländlichen und städtischen. Es sei erinnert an *Altermann, Ältestin, Älterleute* der Gilden, *Beisaszen, Braupfanne, wortführender* Bürgermeister od. Bürgermeister *am Wort, Buschgesinde, Dreitagskerl, Faustgut, Frohnde, Fuszarbeiter, Gefolgter am Wort, Gehorch, Gerechtigkeit* Naturalabgabe, Nutznieszung (In Zusammensetzungen des Wortes in der ersten Bedeutung steht die Leistung nach: *Gerechtigkeitshammel, -holz, -korn, -spinnerei etc.;* der Gegenstand dagegen, aus dem die Nutznieszung gezogen wird, oder die Person, welcher bzw. von welcher sie geleistet wird, steht an erster Stelle: *Krugsgerechtigkeit* das Recht Krüge zu halten, *Guts-, Kirchen-, Küstergerechtigkeit* die Leistung, welche an das Gut, den Küster, die Kirche zu entrichten ist; *Bauergerechtigkeit* die Leistung, welche von dem Bauer an den Gutsherrn zu liefern ist), *Gelehrter Bürgermeister, Gesinde, Gesindestelle* das im Nieszbrauch eines Bauerwirts befindliche Land, die *Grosze* und *Kleine* od. *Kanutigilde, Gildebrüder, Gildehaus, Gotteskasten, Hakelwerk, Hakelwerker, Hakenrichter* der landische Polizeimeister, *Häkner,* die *Herren* die landischen Gutsbesitzer, *Hilfstag, Hilfsgehorch, Hoflage* Beigut, *immatrikulieren* in die Adelsmatrikel aufnehmen, *Junge* Bediente aus dem Bauernstand, *Justiz-Official, Kassa-Collegium, Kirchenconvent, -vormünder, Kirchspielrichter, Kreisdeputierter, Küster an St. Olai, Lade* = Brieflade, Urkundensammlung *(Gebiets-, Guts-, Kirchenlade), Ladengelder* die auf ein Gut entfallenden Steuerbeträge, *Landespraestanden, Landmarschall* erwähltes Oberhaupt des Landesadels in Livland und auf

Oesel, bei uns *Ritterschaftshauptmann*, in Kurland *Landesbevollmächtigter, Landrath, Landrathscollegium, Landrolle* Verzeichnis der adlichen Landgüter, *Landsasze, Landschaft, landschaftlich, Landwaisengericht, Magistrat, Malzdonation, Manngericht*, ursprünglich das peinliche Gericht über einen Todschlag (vgl. Bunge, Gerichtswesen *p.* 9, und Scheidt, Vom Adel *p.* 289), *Mannrichter, Matrikel* Adelsverzeichnis, *Niedergericht, Oberlandgericht, Obrist, Oeconomus templi, Ordnungsgericht, Polizeimeister, Portoriengelder, Rathsherr, Rathsstuhl* Gesamtheit der Rathsherrnstellen, *Rentei, residierender Landrath, Ritterschaft, Ritter- und Landschaft, Ritterhaus, Ritterschaftsarchiv, -kanzelei, -sekretär, ritterschaftlich, Schloszvogteigericht, Schwarzhäupterbrüder* mit ihrem *erkorenen Aeltesten, Sechstagswirt, Spanndienste, am, vom, vor dem Stabe* d. h. offiziel, vor versammeltem Landtag, *Stiftsvater, Streugesinde, Streustück* im Gegensatz zum Dorf der einzeln liegende Bauerhof, das getrennt liegende Stück Land, *streugelegt, streulegen, Streulegung* Zutheilung aller zu einer Bauerwirtschaft gehörigen Ländereien auszerhalb des Dorfs, *Syndicus, Tischvorsteher* mit den *Tischbeisitzern* und *Tischgehilfen* Vorsteher einer Regierungsabtheilung, *Vogt* Aufseher, Aufsichtsbeamter in einer Verwaltungsbehörde *(Domvogt, Gerichts-, Markt-, Schloszvogt), Volk* Hausgesinde, Gebietsbauern, und daher *Volksbrot, Volkskammer, Volkskost, Volksküche, Volksstube), Weddgericht, Zweitagsarbeiter.*

Mit anderen Wörtern sind eigentümliche Aenderungen des ursprünglichen Sinnes vorgegangen. *Mutter* bezeichnet in ehrender Weise eine ältliche Weibsperson aus niederem Stande *(Hofsmutter, Kojamutter* Hausaufseherin, *Passimutter, Waschmutter* Wäscherin etc.); man spricht in diesem Sinne sogar achtungsvoll von einer *Viehmutter*, wie früher schon der *Viehkerl*, der bäuerliche Aufseher über das Vieh, erwähnt wurde. Die vierte Klasse der steuerpflichtigen Arbeiter bilden die *freien Leute, Lostreiber*, und kann jemandem einerseits nichts schlimmeres begegnen, als ein *Mensch* zu sein (ein Schüler erzählte einmal, er habe sich am Martiniabend als „Mensch" verkleidet gehabt, und niemand habe ihn erkannt), so wird andererseits nie von anständigen *Leuten*, sondern *Menschen* gesprochen, weil jener Ausdruck die *Dienstboten* bezeichnet. *Herr* hat seine ursprüngliche Bedeutung erhalten und bezeichnet a. d. g. B. besonders den *Haus-* und *Gutsherrn*, ebenso *Frau* = Herrin, denn es gibt keine Bauer*frau;* dagegen wird *Weib*, mit und ohne Zusammensetzung, in der Regel nur noch von Personen niederen Standes, doch keineswegs verächtlich gebraucht, in dem poetisch und biblisch idealeren Sinn des Altertums nur hin und wieder in dem traulichen Verkehr von Eheleuten. *Fuhrmann*, in Deutschland gegenwärtig nur noch den Frachtfuhrmann bezeichnend, heiszt hier der Droschkenkutscher; *sich auf den Fuhrmann setzen* eine Droschke besteigen.

Die Droschke erinnert an die für einen Fremden auffallende Fülle von Bezeichnungen für landesübliche Gefährte. Während in Deutschland Wagen, Schlitten als allgemeine, unterscheidungslose Bezeichnung für jede Art von Fuhrwerken dient, vom kaiserlichen Galawagen und fürstlichen Jagdschlitten bis zum Schweine- und Mistwagen des Bauern oder Rutschschlitten der Jugend herab, pflegt hier streng unterschieden zu werden zwischen

Droschke (slav.), Kutsche (poln.), Kalesche (slav.), Ganz- und *Halbverdeck, Landauer, Wiener, Linie, Char à bancs, Plahnwagen, Wurstwagen, Telege (russ.), Chaise, Equipage, Stuhlwagen, Kariole (nd.),* gewöhnlich *Karrikel, Postwagen, Eilwagen, Reisewagen, Coupé, Tarantds (russ), Wasók (russ.), Kibitke (russ.), Kresla (schw.), Räggi (estn.), Federwagen, Kiriku wonker* Kirchenwagen, *Karre, Gig (e.), Britschke (russ.), Korbwagen, Rollwagen, Kinderwagen, Karren, Frachtwagen, Bauerwagen, Roswól (russ.), Brauer-* od. *Bierwagen, Borkschlitten, verdeckter-, Stuhl-, Träber-, Bauer-, Jagd-, landscher, Stadt-, beschlagener, Fahr-, Arbeits-Schlitten.*

Es ist das ein Reichtum, der uns nur noch bei Bau und Herrichtung der fast unübersehbaren Flachssorten und beim Brot begegnet.

Jene werden aufgesteckt, gebunden, gebrochen oder gebrakt, geflochten und geknuckt, gereinigt, in Packen geschlagen, eingeschlagen, überschlagen, geschlichtet, geschrapt, geklopft, gewässert, geröstet, ins Reine geschwungen, gewrakt und überwrakt, bis sie als *Kron*, und zwar einfach als *Kron*, oder als *holl., weisz, puik Kron, Zinskron, weisz fein puik Kron, Wrack, Puikwrack, heller, weiszer* und *grauer, Dreiband, Hofsdreibnnd, livl Dreiband, weiszer Zinskron, Dreibandwrack, Hede,* als *Marienburger Geschnitten, Bauer Risten, Risten, hilliger, Drujaner Rakitscher, lit.* und *kurischer Rakitscher, livl. Gerechtigkeits-Dreiband, livl. Leiden-Dreibands-Flachs, livl. Hofsdreibandflachs,* als *hilliger, kurischer Badstuben, Paternosterflachs,* und wie die Sorten alle heiszen, mit unterschiedenen Märken in den Handel kommen. Beim *Brot* aber wird *gebeuteltes, gebrühtes, gesottenes, Schrotbrot, Kaffbrot, Feinbrot, Grobbrot, Süszsauerbrot, Hausbrot, Bäckerbrot, Maschinenbrot, Tischbrot, Kümmelbrot, Rosenbrot, Franzbrot, Gerstenbrot, Weizenbrot, Roggenbrot, Theebrot, Bienenbrot* (aus Mehl und Honigwasser), *Knackerbrot (schw. knakabröd), Eintags-, Milch-, Volksbrot, Sittenbrot (russ. sitni chljeb), Gelbbrot* (mit Safran gefärbt), *Seppik (estn.)* gewiszenhaft unterschieden und bei Erwähnung streng auseinander gehalten.

Bei den Stücken und Theilen des Pferdegeschirrs haben sich, trotzdem die Wartung und der Anspann der Pferde ausschlieszlich estnischen oder ruszischen Kutschern obliegt, auffallenderweise die deutschen Bezeichnungen zahlreich erhalten.

Nur die *Sedelka* das Rückenpolster, der *Priprash*-Schwengel und die *Gusche (Guse, Gose)* der Riemen oder Strick, mit dem das Kummet an der Zugstange befestigt wird, weisen nach Osten. Die *Schleien (russ. schlejd)*, die breiten, gefutterten, über Schultern und Brust gelegten Lederstücke zum Ziehen, sind *per metathesin* aus der deutschen *Siele*, mhd. *sil*, ahd. *silo* entstanden, das auch noch gehört wird in *Sielengeschirr, sielen, ansielen.* Ebenso hört man deutsch benennen *Krummholz, Jagleinen* (oft statt dessen *Jaglinge, Jaglinen*), *Deichsel, Stränge(n), Halskoppel, Halfter, Scheuklappen, Sprungriemen* u. a. Merkwürdig ist, dasz für das *Kummet*, mhd. *komat, kumut*, das slavischen Ursprungs ist *(russ. chomut, böhm. chomaut, inselschw. chamut)* sich hier häufig die deutsche Bezeichnung *Ranken* findet mit seiner ursprünglichen Bedeutung Krümmung, Bug, wie goth. *vrighan*, ahd. *rinchan* sich drehen, winden.

Hat die deutsche Sprache in ihrem baltischen Bestand auch aus eigener Kraft ihr eigentümliche Wörter, Zusammensetzungen, Umbildungen oder Wendungen hervorgebracht, die, von deutschen Wurzeln gebildet, aber der hochdeutschen Sprache fremd, wenigstens in der hier gebrauchten Form oder Bedeutung, als Bereicherung des Sprachschatzes gelten dürfen. Wiedemann a. a. O. leugnet es und meint, Bildungen dieser Art dürften sich auf Verunstaltungen wie *Schenkage, Dummelage, Küsterat* u. dgl. beschränken. Aber die Productivität, wie schon nach dem Erscheinen des Gutzeit'schen Wörterschatzes für Livland unbestreitbar ist, ist doch nicht ganz so gering, wie er anzunehmen geneigt ist. Manche der anzuführenden Wörter berühren sich, was ja ganz natürlich, mit Livland, andere sind Estland eigentümlich und die anzuführenden Formen keineswegs alle nach Art des allerdings entsetzlich gebildeten *stuckaturen* in Stuck legen. Ich führe eine Reihe derselben an:

Abfuhrt abschüssige Stelle auf einem Fahrweg, bes. die Senkung in der Nähe eines Ufers.

Abfallnis Abfall von Gänsen, Hühnern, Hasen, Lämmern etc.

Abgängsel kleiner Abfall von Getraide, Bast, Leder u. dgl.

Abgeber im Handel, Verkäufer.

Ablager Wohnung eines Bauern bei einem andern; *auf Ablager sein* einen Aufenthalt ohne Anstellung und Gehalt haben, bes. unentgeltlich in einem Gebiet ohne festen Verbleib und Dienst leben; bei *Grimm s. v.* Einkehr auf der Reise; der Ort, wo man ablagert, von vornehmen Herren und ihrem Gefolge.

Abnahme acceptus, ordnungsgemäszes Empfangen, z. B. von Rekruten, von einem Gute, einer Kanzlei beim Beamtenwechsel; eines Bildes, einer Photographie.

Ablaszschein der einem Bauer von der Gutsverwaltung ausgestellte Schein, dasz dem Verlassen des Gutes nichts im Wege steht.

Absatz Bodensatz von Flüszigkeiten.

Abschauer die durch eine Scherwand abgetheilte Stelle im Zimmer; *abschauern* durch eine Scherwand abtheilen.

Abscheid in der juristischen Sprache, im Unterschied von *Bescheid*.

Abschied von Dienstboten, dasselbe, was bei Schülern der Abgang; *Abschiedszeugnis*.

Abschnitt (od. *Ausschnitt*) Stück Brot über die halbe Schnittfläche mit nur einer Seitenkruste.

Acher einer, der beständig seufzt, der immer Ach und Weh ruft.

Achtelhäkner bäuerlicher Besitzer von einem Achtelhaken.

Achtner dasselbe was *Achtelhäkner*.

albern Albernheiten treiben.

Anberg die sanft ansteigende Fläche eines Hügels, mnd. *ambergh*.

Anker werfen über Bord sich erbrechen.

Ankereisen Eisen zum Verklammern von Balken oder Steinen; *verankern* durch Ankereisen verbinden.

Anrichter Veranstalter, Schaffner bei einer gemeinsamen geselligen Vergnügung, wie Landpartien, Bällen, Festeszen, Commersen u. dgl.

anrührig anzüglich, durch Anzüglichkeit verletzend.

Anspann Art der Anschirrung, so dasz man deutschen, englischen, russischen etc. Anspann unterscheidet; das Geschirr selbst; das Zugvieh samt dem Wagen, *Anspannarbeit* verrichten, mit Pferden d. h. Zugpferden Arbeit verrichten.

Anstand Frist, Aufschub bei Zahlungen.

Anstiege Freitreppe.

Apfelfest russisches Fest der Apfelweihe am 6. August a. St.

Arbeitstag der als Gehorch von einem Bauern zu leistende Tag.

Aufhub aufgepflügtes Ackerstück.

Aufschuss erster Schnsz des Getraides.

aufsegeln ein Land, auf dem Seewege entdecken; kommt auch in niederd. Urkunden vor.

Auftrieb erster Trieb bei Gras, Klee, Getraide.

Aufzögling das von kleinauf erzogene fremde Kind, Pflegekind, das als Entgeld für seine Dienstleistungen Kleider, aber keinen Lohn empfängt.

Aufzucht von Schafen, aufgezogenes Jungvieh.

Ausbucht hervorstehende Stelle an einer Küste, einem Walle, Hause od. einer Mauer, im Gegensatz zu *Einbucht*.

Ausfüllnis der Stoff, womit etwas ausgefüllt wird.

Auslage Körperhaltung.

Auslaszung von Schülern, Entlaszung: „Zu Weihnachten haben wir eine sehr starke *A.* gehabt. Johanni wird sie bedeutend schwächer sein."

Auslauf, Ausleck Leckage.

Austrift Gutsweg, auf dem das Vieh zur Weide getrieben wird.

babbeln schwatzhaft, von nd. *babbeln* plaudern.

baddeln von Hühnern, mit den Füszen scharrend im Sande wühlen.

Badefrau die Frau, welche bei kalten und warmen Bädern die Aufsicht führt, verschieden vom *Badeweib*, welches die niederen Dienstleistungen dabei versieht.

Bademutter Pflegerin bei Wöchnerinnen, die den Säugling badet.

Budequast der belaubte Birkenbüschel, mit dem das niedere Volk sich im Bade streicht und schlägt.

Baderei fortgesetztes, übertriebenes Baden.

Badstube kleine, elende Bauerwohnung; öffentlicher bedachter Baderaum für Wannen- und Schwitzbäder, der letztere *russische Badstube* genannt. *Badestube* ist das feinere Zimmer mit Badeeinrichtung.

Badstüber Bewohner einer Badstube, ländlicher Tagelöhner.

Badstubenversammlung eine Versammlung von Leuten niederen Standes, in der gesessen und gejubelt wird, weil in der Badestube sich nicht gerade die feinsten und stillsten Leute versammeln.

bahnen vom Holzhändler, das Holz nach seinen verschiedenen Gattungen lagern.

bähnen, hd. *bähen* eine Geschwulst, mit feuchter Hitze behandeln; Speisen, leicht dämpfen, davon *Bähnkohl* der beliebte leicht abgedämpfte Kohl, der eingepresst und ein wenig gesalzen wird.

Ballast Kiessand zur Befrachtung von Schiffen, um ihnen den nöthigen Tiefgang zu geben, nicht Steine oder sonst ein Material; *ballasten* mit Kiessand befrachten.

ballern schlagen, dass es knallt; mit lautem Geräusch stürzen.

Balte Bewohner der russ. Ostseeprovinzen; ob zusammenhängend mit *mnd. bolte* trotzig, kühn?

Bammelage, Bummelage was bammelt und bummelt.

sich baronen sich Baron nennen: „alles baronte sich", „es baront sich was".

Bärsche Herbigkeit, Barschheit.

Bartrusze bärtiger, gemeiner Russe.

basteln saumselig ohne Erfolg an etwas herumarbeiten.

Bauerelle das Mass von der Spitze des Mittelfingers bis zum Ellenbogen oder von der Spitze des eingeschlagenen Fingers bis zur Achselböhle.

Bauerland, Bauerländerei im Gegensatz zu *Hofsland, Hofsländereien* das Land, welches einem Bauerwirt gehört oder als Eigentum zugetheilt werden kann.

Bauerrecht im Gegensatz zu *Stadtrecht* und *Landrecht* das für Bauersachen bestehende Recht; *Bauerrechtssachen* Angelegenheiten, die sich auf das Bauerrecht beziehen.

bauchlings auf dem Bauche kriechend.

Baumeister Zimmermann, Aufseher und Schaffer bei der Zimmermannsarbeit, nicht — Architekt, Ingenieur, wie in Deutschland.

Baumsaat, Baumsamen Samen von Baumgewächsen.

bauzen hinstürzen, *bauz* machen.

Beerdigung Beerdigungsfeier: „Findet die Beerdigung im Hause oder in der Kirche statt?"

Beerenobst essbare Beeren.

Beheizung Besorgung mit Heizen: „das Zimmer wird mit Beheizung abgegeben".

beinhart hart wie Knochen.

Beinling der obere Theil des Strumpfes; in Gr. W. ohne Beleg.

Belohnung. Ein Beamter wird zur *B.* vorgestellt, damit er eine Summe Geldes als Extrageschenk empfange.

Berger der gestrandetes Gut in Sicherheit bringt; *Bergerlohn* Bergelohn.

Besitzübertragung gerichtliche Hypothek.

Bestandgrenze, die durch mit Wald oder sonstwie bestandenes Land bezeichnet ist.

Bettung Bereitung des Lagers, bes. für einen Kranken.

Bibi in der Kindersprache, ein Schmerz, Wehweh; *Bibichen*.

Bibichen kleines Knötchen oder Bläschen auf der Haut.

Bierkork Korkstopfen zu Bierflaschen, unterschieden von *Weinkorken*.

Bierseele ein Mensch, der nur an Biertrinken denkt.

Bindsohle (estn. *sizu-tald*) bei Schuhen.

Birkenchampagner das aus abgezapftem Birkenwasser bereitete Getränk. Das Abzapfen geschieht im Frühjahr, wenn die Säfte steigen; die Gärung wird durch Vergraben und längere Aufbewahrung unter der Erde bewirkt.

Blänker weisses Pferd, auch *Blänk*.

Blankzeug Hansgeschirr, das blank gescheuert werden muss.

blau geben einem, durchbleuen, mit Misverstand des urspr. Sinnes von bleuen.

Blink m. Lichtstrahl eines Leuchtfeuers.

blitzern blinken; oft verstärkt durch *glitzern*.

bodensatzig einen Bodensatz habend.

Bodenzimmer im Boden ausgebautes Zimmer.

bolzen vom Kater, *coire*.

Bootshafen vom Ufer auslaufende Reihe grosser Steine, Bullersteine, zwischen denen das Boot anlegt.
Borst Risz, Spalt.
brackieren als untauglich ausscheiden, bracken.
Brage Brantweinschlempe, *estn. prak g. praga*, wohl zusammenhängend mit *bracken* als untauglich ausscheiden; oder ist an *nd. brak* bitter salzig zu denken?
Bräm Schmutzrand am Kleiderstosz.
Brandherr, Brandmeister Schornsteinfegermeister.
Brandwache die Feuerwache in den Häfen; *Brandwachschiff* das Schiff für die Hafen-Feuerwehr.
braten einem etwas, wie „einem etwas malen, pfeifen" d. h. es kann jemand fordern, soviel er will, man wird es nicht gewähren.
Brauküche Brauhaus auf Gütern mit Brantweinbrand.
Brautlehre die durch den Pastor geschehende religiöse Unterweisung der Braut.
Brei und Brasz alles durch einander, drunter und drüber; zu *Brei* und *Brasz* schlagen — kurz und klein schlagen.
brennen trs. u. *intrs.* wuchtig schlagen, mit Gewalt gegen etwas fallen; von Land, abbrennen, röden.
Brenner heftiger Schlag; (heftiges Verlangen nach etwas: „er hat einen Brenner auf Gesellschaften", auch in Deutschland gebraucht).
Brennholzwald Wald, der Brennholz liefert, im Unterschied vom Bauholzwald, *Bauwald*, dessen Stämme sich zu Bauholz eignen.
brock leicht zerbröckelnd, brüchig, spröde, mürbe, *mnd. brösch*.
Brotkorn das zu Brot dienende Getraide, nam. Roggen und Weizen.
Brücke ein übers Waszer führender, aus Stein oder Holz aufgeführter Weg, daher *Brückenbau* zuweilen der Ausdruck für die Wegebeszerung auf dem Lande, *brücken* pflastern, dielen, *mnd. bruggen; Brückencontingent = Wegecontingent* der einem Gut zur Unterhaltung zugewiesene Antheil von Straszen und Wegen, *Brückenkubjas* der Aufseher beim Wegebau, *Brückenpfosten* der Wegpfosten mit der Aufschrift des Gutes, welches das betr. Stück Weg unterhalten musz, *Brückenvisitation* die alljährlich stattfindende Besichtigung und Prüfung der Straszen und Wege, *Brückenconvent*.

Bruderschaft rechtgläubige, die freie Vereinigung von Gliedern ruszischer Confession zu kirchlichen Zwecken.
Brustacker das cultivierte, eigentliche Ackerland, im Unterschied von *Garten-, Busch-, Dresch-* und *Heuschlagsland*.
Buchhalter Rechnungsführer auf einem Herrengut, *Gutsschreiber*.
Bude Laden, davon *Budeneinrichtung* Ladeneinrichtung, *Budenrechnung* Rechnung bei einem Kaufmann, *Budentreppe* Ladentreppe, *Budenrusze, Budenkaufmann; Budenstand* die Stelle auszerhalb eines Hauses, wo eine od. mehrere Buden errichtet sind, *Budengelder* die von einem Budenstand zu entrichtenden Abgaben.
bullern und *kullern* wälzen und kugeln.
Bummel m. ein gemeinschaftlicher Spaziergang, besonders von Schülern.
Buntwerk die in Borten eingewebten bunten Streifen und Muster.
Bursch Lehrling, Lehrjunge, Lehrbursch bei Handwerkern.
Busch niedriges Gehölz; davon *Buschacker* Acker, der durch Rödung aus früherem Buschland gewonnen ist; *Buschland* unbenutzt liegende, gewöhnlich mit Strauch bewachsene Stelle, die aber hin und wieder bebaut wird; *Buschheuschlag* Waldwiese, *Buschwächter* Waldaufseher, Forstlaufer.
Dämeluck, Dämlack ein dämelicher Mensch, Faselhans, *nd. dameler*.
Dammel, Dämel Zustand der Dämelei, des gedankenlosen, schlaftrunkenen Wesens; *dammeln* gedankenlos unthätig umherschlendern.
Dampf als Bezeichnung des Nichtigen, Vergänglichen in den Redensarten „das ist ein Dampf" kommt auf eins heraus, „das ist mir ganz Dampf" einerlei.
Dämpfer Verhinderung: „einen Dämpfer aufsetzen" = den Uebermuth eines Menschen zügeln.
daradauz, deredauz bardauz.
daunendick schwellend dick.
Denkelbuch Tagebuch, Stadtbuch, in welchem in früherer Zeit die wichtigeren Anzeichnungen über Tagesereignisse, auch Abschriften von Urkunden, Verträgen etc. gemacht wurden.
denken in Nachmittagsschläfchen halten.
Deputatist Tagelöhner, welcher statt des Lohnes gewisse Lebensbedürfnisse, bes. Korn, Salz und Häringe erhält.
Deutschländer deutscher Ausländer.
Deutschrusze Deutscher in Ruszland, doch

gew. nicht aus den Ostseeprovinzen; diese heiszen Balten oder Ostseeprovinziale.
Diener, stummer die an Spieltischen zum Tragen von Gläsern, Tassen, Tellern u. dgl. befestigte Holzscheibe.
Dienstadel der durch den Kronsdienst erworbene Adel; die Gesamtheit der so Geadelten.
Dienstpacht die Pacht, bei der als Entgelt durch die „Dienstboten" d. h. Bauerknechte (die Knechte des Gutsherrn heiszen „Hofsknechte") gewisse Hofsdienste verrichtet werden, unterschieden von *Geldpacht*, die durch baare Leistungen abgetragen wird.
doddeln hin- und herschwanken, e. doddle.
Doctordt Wohnsitz eines landischen Arztes, Haus, Garten und Feld umfassend.
donnerwettern donnernd lärmen und wettern.
doppelgleisig von Eisenbahnen, doppelspurig.
Doppelknot ein schon mehr als knotiger, ungebildeter Mensch.
Doppellauf doppelläufiges Gewehr.
drallen zu ordentlichen Fäden spinnen; von Fäden *trs.* u. *intrs.*, zusammendrehen, sich zusammendrehen, *ad. drall* straff.
drauszen im Ausland, und zwar ist in der Regel Deutschland gemeint; auszerdem wird meist das betr. Land genannt.
Drehling das dritte Rad in der Sägemühle.
Drift Diluvialschicht, mit Geschiebe untermengter Sand, Grant, Lehm, Thon.
dröhnern dröhnend schlagen, werfen.
ducken niederbeugen; untertauchen; im Sitzen schlummern; *geduckt* niedergeschlagen, trübetrostig, unlustig; in demselben Sinn *duck*, noch häufiger *kaduk*.
Ducks unheilvoller, das Ende mit sich bringender Schlag: „er hat einen Ducks weg", „dabei hat er sich Ducks geholt", d. h. da hat er den Grund zu seinem unheilbaren Leiden gelegt.
ducksen mit der Faust niederhalten; mit Nackenschlägen fortstoszen.
duddelig altersschwach, auf den Beinen schwankend; *duddeln* an etwas leichtfertig und stümperhaft tändelnd herumarbeiten, zerbrechliche, werthlose Arbeit liefern, säumig sein; *Duddelzeug*,

Duddelwerk zerbrechliches, unhaltbares Zeug; *Duddelarbeit* pinkerige, der Rede nicht werthe, kinderleichte Arbeit. Es liegt nahe, an *dutteln* an der Brust spielen (Hessen) zu denken.
Dudel dickes, plumpes Frauenzimmer, altes Weib.
durchschüszig von Morästen, so undicht, dass man einsinkt, „durchschieszt".
um die Ecke gehen sterben, gew. nur scherzhaft gesagt.
eigens adv. nur darum: „er ist eigens zur Stadt gekommen, um die Ausstellung zu besuchen".
Eigenwilligkeit eigenmächtige Handlung.
Eigner Eigentümer, Inhaber von Waaren.
einbringlich einträglich.
Einbucht die nach innen gekehrte, einspringende Stelle eines Baues, Bachs, Flusses, Sees oder des Meeres, im Gegensatz von *Ausbucht*.
Einfahrt Einkehrhof; *Bauereinfahrt* Herberge für Bauern, die mit ihren Erzeugnissen zur Stadt kommen.
eingängig von Mühlen, mit nur einem Gang versehen; auf eine Ansicht eingehend, sich nicht ablehnend verhaltend; *eingängig machen* eine Schrift bei einer Behörde einreichen, vorstellen.
eingleisig von Eisenbahnen, einspurig.
Einhäusling Bauer, der auf eigene Hand lebt und Gartenland bearbeitet.
Einkehrstelle Wegstelle, an der in einen Nebenweg eingelenkt wird.
Einlauf einläufiges Gewehr.
Einmasz der Abgang, Verlust beim Messen von Zeug, Getraide, Kartoffeln etc.
Einmaster scherzhaft für den hohen, steifen Herrenfilzhut.
Einnath Vorstosz bei Frauenkleidern, bei dem die Schnur in einen schmalen Zugstreifen eingeschlagen und zwischen Ober- und Unterzeug eingenäht wird.
ein- und *doppelscheitig* von Brennholz.
Einsargung die feierliche Sarglegung und Schlieszung des Sarges, wie sie im Beisein der allernächsten Verwandten und Freunde vollzogen wird.
Einschiebbett Bett zum Einschieben.
einschüszig von Morästen, in die man einschieszt, versinkt; vgl. *durchschüszig*.
einste in hunderteinste, tausendeinste, od. hundert und einste, tausend und einste.
Eintagsbauer Bauer, der wöchentlich einen Tag mit Anspann Gehorch zu leisten hat; so auch *Zweitags-, Dreitags-, Sechstags-, Zwölftagsbauern* die

wöchentlich zwei, drei, sechs, zwölf Pferdetage zu leisten haben.
Eintagskind Kind, das mit einem anderen an Einem Tage geboren ist.
Einwiekung Einbiegung nach innen, Bucht, nd. *inwiek.*
Einzelkauf und *-verkauf* Kleinkauf und -verkauf.
Einzelrichter Kirchspielsrichter; *Einzelgericht* Kirchspielsgericht.
Eisgrausz Eisschutt, in Deutschland nur von Sand- und Steingerüll gebraucht.
Eisung, Aufeisung das Oeffnen und Ablösen des Straszen- oder Meereises, des letzteren, indem eine künstliche Rinne hergestellt wird; *Auseisung, Eineisung* das Hinaus- oder Hereinschaffen eines Schiffes in den Hafen durch eine ins Eis gebrochene Rinne.
Empfang Cour. Bei Verlobungen, Einzug von Neuvermählten, Behördenvorständen ist „Empfang".
enggleisig engspurig, von Eisenbahnen.
engsohlig von Schlitten, mit schmalen, nah zusammenstehenden Sohlen versehen.
entflecken von Flecken reinigen.
entgegenbrennen, -dämmern, -feuern, -hauen, -knallen, -wettern heftig mit Worten oder Schlägen erwidern.
Entschickung von Boten, Truppen, Entsendung.
Erbgrund, freier Grund und Boden, von dem kein Erbzins zu entrichten ist, mit uneingeschränktem Eigentumsrecht, unterschieden von *Stadtgrund,* bei dem im Fall des Verkaufs der Stadt ein Näherrecht zusteht.
Erbkauf Kauf, von dem, in Gegensatz zum Pfandkaufe, Kaufsgaben und Procentgelder zu entrichten sind.
Erblicher Ehrenbürger aus der sonst steuerpflichtigen Klasse ein von der Kopfsteuer für sich und seine Nachkommen befreiter Bürger.
erbrennen Brantwein, durch Brennen gewinnen.
ertragen Ertrag abwerfen.
sich erwarten von Frauen, guter Hoffnung sein, der Niederkunft entgegensehen; in der *Erwartung* sein, der Niederkunft nahe sein, auch nd.
Fahrgeschirr Lederzeug für Wagenpferde, Anspann.
Fahrpelz Pelz zu Fahrten, verschieden von *Gehpelz,* der beim Gehen benutzt wird
Fahrstelle Stelle in einem Flusz, durch die man waten, fahren kann.

Fahrzeit, Bauerfahrzeit die Zeit vom 1. Sept. bis zum 1. April.
Fallucht Fallthür über einer Kelleröffnung.
fälteln frequ. zu falten, *Fältelung.*
Fastage rundes, ziemlich hohes Deckelgefäsz; groszes Fasz, bes. für den Brantwein.
Fastnachtkuckel, auch *Stopfkuckel,* eine Art Fastnachtgebäck aus Weiszbrotteig mit einem breiartigen Füllsel.
Farbenband das farbige Studentenband.
Farbendeckel farbige Studentenmütze.
faulpelzig faul, träge.
Fechtbodist der Student, welcher sich einer Landsmannschaft anschlieszt, ohne förmlich Mitglied zu sein, Conkneipant, besucht den Fechtboden und nimmt an den geselligen Zusammenkünften Theil, trägt aber keine Farben und wohnt nicht den Conventen bei.
feldern carrieren, von Zeug, grosz-, klein-, feingefeldert.
Feldpforte die Pforte in einem Feldzaun.
Feldstein Findling (Granitblock) im Felde.
Feldwächter Flurschütz.
ferkelig sudelig.
fest in Zusammensetzungen, wo in Deutschland üblich ist *an, ein, zu: festbekommen* im Laufen einholen, endlich auffinden, *-binden* zubinden, anbinden, *-dämmern* heftig zuschlagen, *-decken* zudecken, *-feuern* heftig zuschlagen, *-frieren* zufrieren, *-gehen* zugehen, *festhaben* eingeholt haben, *-haken* zuhaken, *-heilen* zuheilen, *-keilen* heftig zuschlagen, *sich festkrallen* ankrallen, *-machen* zumachen, *-nageln* annageln, zunageln. *-nähen* zunähen, *-quellen* zuquellen, *-riegeln* zuriegeln, *-schlagen* zuschlagen, *-schneien* zuschneien, *-schrauben* zuschrauben, *-schütten* zuschütten, *-sein* zu sein, geschlossen sein, *-stopfen* zustopfen, *-ziehen* zuziehen.
feuern heftig schlagen, fallen, stoszen.
Feuerbake Leuchtfeuer auf Leuchttürmen oder Leuchtschiffen.
feuerfänglich was leicht Feuer fängt.
Feuerschaden, Schadenfeuer Feuersbrunst; *es ist Feuerschaden* es brennt.
Finnbock Pinnagel, Blutfinne, *schweiz.* Eisze.
flächen die Fläche bestreichen, streifen.
flächsen fahren gegen Brantwein mit Wagen angebrachten Flachs eintauschen; *flächsen* jemanden anquetschen, dasz er etwas geben soll.

Flächser der auf Beiträge quetscht, zu Beiträgen heranzieht.
Flausen muthwillige Verzögerungen.
Flechtzaun geflochtener Zaun, im Unterschied von *Schlet-* und *Stangenzäunen.*
Fleischgeld a. d. g. B. das Geld, welches die Magd vom Fleischer dafür erhält, dasz sie bei ihm kauft, oder auch, das sie beim Fleischkauf unterschlägt.
flieren, aufflieren aufputzen, *nd. flirre* auszerordentlich groszer und breiter Kopfputz; *subst. flirre* aufgestutztes Frauenzimmer; *adj. flierig.* Es entspricht *nd. flarren, flerren* sich steif putzen.
flitzen wie ein Pfeil fliegen, hastig eilen; *abflitzen trs.* u. *intrs.* kurz abweisen, unverrichteter Sache abziehen; *nd. flitze* Pfeil.
fluchtlahm flügel-, fluglahm.
fluren den Boden oder Herd mit Steinen auslegen.
flussern frequ. zu *nd. flüsen* zerpflücken, ausfasern; *flusserig* ausgefasert.
Folbank die vom Gesinde zuweilen gebrauchte Bettstelle, die in einer auszuziehenden Lade besteht, eig. Faulbank, *nd. vulbank,* oft auch *Volksbank* genannt.
Forst Dachfirst.
fragen gelinde fordern; der Kaufmann fragt für seine Waaren einen Preis, der Bruder fragt von der Schwester ein Buch. Erinnert an *nd. een ordeel fragen* ein Urtheil verlangen.
Frasz Eszen, als Kraftwort; oft in der Zusammenstellung *Frasz und Quas* Freszen und Saufen.
Fratz m. fratzenhafter Mensch.
Frechling frecher, patziger Geselle.
freie Leute wurden die Leute niederen Standes genannt, die nicht leibeigen, erb waren.
Freigesinde Bauergesinde, dessen Inhaber keinem Frohndienst unterworfen ist.
Fremde Gäste (eig. gleichfalls Fremde bezeichnend).
Frischmist, auch *Neumist* neugedüngtes Ackerland.
Frühkind zu früh nach der Hochzeit oder vor der normalen Zeit geborenes Kind.
Frühstück Vorschmack bei Mahlzeiten.
ft, füt zur Bezeichnung raschen Verschwindens.
fudern vom Getraide, im Fuder ergeben.
fummelig von Mehl und Brot, muffelig, muffig.

Fuhrmann Droschkenkutscher.
Fünfer Fünfkopekenstück, gew. gespr. *Fünwer.* Ebenso *Einer, Zweier, Dreier, Zehner, Fünfzehner, Zwanziger.*
Fuszling der Bauer, der zum Gehorch einen Fuszarbeiter stellt. Unsere Bauern werden, wie in Livland, eingetheilt in Gesindewirte, *Häkner (Ganzhäkner,* der jede Woche, *Halbhäkner,* der jede andere Woche einen Arbeiter samt Pferd stellt), Knechte *(Einfüszlinge)* und *Lostreiber (Losdiener)* Tagelöhner.
füszlings mit den Füszen voran.
Fuszmensch, Fuszkerl, Fuszarbeiter der Bauer, welcher ohne Pferd Gehorch leistet, im Unterschied von *Pferdearbeiter.*
Fusztag Tagesgehorch eines Bauern mit Handarbeit.
fuscheln — puscheln kleine Betrügereien treiben, beim Kartenspiel: Durchstecherei treiben, heimlich zuraunen, kleine Ränke schmieden, mit den Händen rasch und versteckt hin und her fahren, kramen, umwühlen, stochern, stoszen, mit einer Sache sich erfolglos zu schaffen machen, tändeln, *frequ.* zu *fusen* mit der Hand hin und her tasten; *nd. fusseln* mit den Füszen spielen, heimlich flistern.
futscheln windbeuteln, verstärktes *fuscheln, e. fudge;* vom Haar, durch Wühlen verwirren.
futschen trs. abthun, abweisen, die Thür weisen; Gutzeit a. a. O. denkt an *futsch* zu nichte — futsch machen.
Gebrög(k)e tiefliegende, vom Waszer durchbrochene, mit Gehölz bestandene Fläche, Buschheuschlag, dichtes Gestrüpp, Dickicht; fig. gedrängter Haufe, z. B. *Eisgebrög(k)e* Eishaufen, *nd. brok* Bruch.
gefährlich empfindlich gegen unangenehme Eindrücke, überall Gefahr sehend und fürchtend.
Gerichtsspiegel das adlergekrönte, aus drei im Winkel zusammengefügten Flächen bestehende Symbol der Krone, das sich in den Behörden auf dem Tisch aufgestellt findet, an 2 Fusz hoch.
Gesindestelle Pachtstelle auf dem Land, Bauergut.
grassieren in Deutschland nur fig. von Krankheiten, herumtollen, sich lärmend hin und her zerren, *lat. grassari.*
Grauwerk Pelz des sibirischen Eichhörnchens, sonst auch Fehwamme genannt.

Grieste zusammengedrehtes Heubüschel, vielleicht zusammenzustellen mit *nd. krusen* kräuseln und verwandt mit *Kros* Gekröse, Verschlingung.
Grünigkeiten, Grünwerk frisches Gemüse.
Grünstrauch die kleinen frischen Enden von Tannenzweigen, die bei Beerdigungen in der Kirche und auf der Strasze, durch welche der Leichenzug führt, ausgestreut werden.
Hakelwerk ein im Entstehen begriffener Flecken ohne Stadtrechte, *Hakelwerker* Bewohner eines solchen; eig — *sepimentum virgulteum (Chytr.)*, die vor od. unter einer Burg angebauten, mit einer Palissadenumzäunung (*hagen*) geschützten Wohnungen.
Haken schlagen fig. Winkelzüge machen.
Häkner Kleinbauer, der einen Haken Landes zum Nieszbrauch hat, Zwölftagsbauer, der wöchentlich als Gehorch zwölf Pferdetage leistet, in Nordd. *Häker*, im Unterschied von *Hüfner* Groszbauer.
Halbwächsling halbwüchsiger Mensch, Knabe oder Mädchen.
Hälfner Baner, der mit einem anderen ein Landstück, einen Haken, zur Hälfte zu theilen hat, Halbhäkner od. Sechstagsbauer, der wöchentlich sechs Pferdetage leistet.
händig und wendig geschickt, anstellig, rasch bei der Arbeit.
Handtag der mit Handarbeit, ohne Anspann, als Gehorch geleistete Tag, Fusztag.
Hanyebast ein schlaffer, nachläsziger, schlotteriger Mensch.
Häschen das Fleisch inwendig am Rückgrat eines Thiers, Lummer.
Häusling im Armenwesen, der zu Hause unterstützt wird; auch in der Landwirtschaft, Lostreiber, Tagelöhner, Badstüber, der kein Feld besitzt.
hebeln mit dem Hebel schwingen, wippen.
herausdröhnern mit Wucht hinauswerfen.
Heubrocken Heustaub, Heugebröke.
Heuschlag Mähwiese. Man hört fast nie „Wiese".
Hipperling hüpfendes Kind; Steiszknochen von gröszerem Geflügel, der von den Kindern zum Hüpfen hergerichtet wird.
hippern hüpfen, tänzeln, *nd. hippen, schw. hoppa.*
Höfchen Landhaus mit Garten in der Nähe der Stadt.
Hoflage Nebenhof, Beigut in gröszerer Entfernung vom Dorf.
Höfner, Einzelhöfner Kleinbauer auf Buschländereien.

Hofsdeputatist ein Tagelöhner, der für sein Deputat auf dem Hofe des Gutsherrn arbeitet.
Hohleis Uebereis.
Holzung Waldbestand.
hutbar weidefähig.
jackern, juckern zur Belustigung umherreiten, scharf, ungeschickt reiten.
Jaglinge, Jaglinen Jagleinen.
Jährling einjähriges Kind.
Kachel ausschlieszlich für Ofenkachel, Ziegelstein zur Bekleidung von Oefen; altes Weib, alte Schachtel.
kacheln beliebtes Kraftwort: heftig schlagen, stoszen, stürzen; aus der Schule ausschlieszen; durchs Examen fallen; stark heizen.
kakelig scherzhaft, von *nd. käkeln* schwatzen.
Kaminer Stubenhocker.
kapp und kahl ganz entblöszt, ganz und gar, bis aufs letzte.
käsen zusammenlaufen, gerinnen, nicht blosz von der Milch, sondern auch von anderen Flüszigkeiten.
käsig schmierig, feucht schmutzig.
Kastenschlosz Schlosz, das nicht in die Thür eingelaszen, sondern von auszen angeschlagen wird.
katholisch scherzhaft für schwermüthig, trübe; „die Geschichte hat mich ganz katholisch gestimmt", „katholische Zeit" die Zeit der trüben, dunkeln Herbstabende.
katzig nasz wie eine Katze; klein wie eine Katze.
kegeln stürzen; zum Stürzen bringen.
Keckling ein mehr als kecker, muthiger Junge.
Kellerlucht Kelleröffnung.
Kellerschlenge hölzerne oder steinerne Einfaszung einer Kelleröffnung.
Keszeltreiben eine Art des Jagens auf Wild.
kicherig zum Kichern geneigt.
kiksen im Knie einknicken; die Eier gegen einander stoszen, wie es hes. zu Ostern geschieht; das Kind, dessen Ei dabei heil geblieben ist, gewinnt das des anderen. Die Ableitung des Wortes in der letzten Bedeutung führt auf *nd. kiken* sehen, dessen Verstärkungsformen *kiksen, Kiks*, beim Billardspiel üblich, dort gleichfalls den Fehlstosz bezeichnen, der durch Versehen herbeigeführt ist, denn *nd. verkiken* sich versehen. Damit stammverwandt ist auch das in Gr. W. angeführte *kiken* stechen, woher das *kiks!* bei dem neckischen Kitzeln der Kinder.

kipperig zum Umfallen geneigt; auch „es ist mir kipperig zu Muthe" es ist mir übel zum Umfallen.

Kirchenbettler der Bettler auf dem Land und in den Landstädten, welcher das Recht hat, im Vorhaus der Kirche Almosen zu empfangen. Es gibt ihrer nur eine beschränkte Zahl. In der Kirche sind ihnen öfters bestimmte Plätze angewiesen.

Kirchengrund der Kirche gehöriges Terrain.

Kirchenkrug der bäuerliche Einkehrhof in nächster Nähe der landischen Kirchen, wo die oft aus grosser Entfernung gekommenen Kirchenbesucher ihre Wagen und Pferde abstellen.

Kirchenvormund, -vormünder bäuerlicher Gemeindeältester für die Besorgung kleiner Kirchenangelegenheiten.

Kirchgang der Kirchenbesuch Neuvermählter an dem auf die Trauung folgenden Sonntag, oder der Wöchnerin nach überstandenem Wochenbett.

Kirchspiel Bezirk einer landischen Kirche, Gesamtheit aller zugehörigen Glieder.

Klappfenster eig. wohl das schon *mnd. kapfenster* d. h. Gaff-, Guckfenster; man nennt so die zum Auf- und Zuklappen eingerichtete Scheibe in einem Fenster, die, besonders im Winter, wenn die Doppelfenster vorgesetzt sind, zum Lüften dient. Die Franzosen haben dafür das wunderliche, dem Deutschen entnommene *wasistas*.

klarapfel durchscheinender Apfel; die Aepfel werden hierzulande beim Wechsel von Nässe und Wärme häufig klar.

klare Augen werden die Augen genannt, in denen Thränen stehen, die von Thränen glänzen.

knacken lügen, wohl durch Lautverschiebung entstanden aus *klatschen*, wie aus nd. *knackrose* im Md. *Klatschrose* geworden ist.

knaddern im Nd. ungebräuchliche Nebenform zu *knistern* knattern.

Knalli Bezeichnung des Schuldieners, Calfactors, an der Domschule seitens der Schüler, der u. a. auch das Geschäft des Heizens, wie sein Name besagt, zu besorgen hat. Calfaktor ist an allen Schulen die Bezeichnung des Schuldieners, Pedellen.

knappern sparsam sein; *knapperig* karg, filzig.

knaukschen einen dumpfen Laut hören lassen, brummen, *frequ.* zu nd. *knucken.*

knochen beinern.

knören knurren, weinerlich quärren.

Knoz Knirps, erinnernd an *westf. Knaust, hess. Knorz,* nd. *Knust.*

knütteln von Thieren, bes. Hunden und Wölfen, mit Knitteln todt schlagen.

Koch, nicht Köchin, das Frauenzimmer, das auf Dagö je acht Männern in ein Boot mitgegeben wird, um für sie die weiblichen Arbeiten zu verrichten.

Kolbe f., Kolben m. Oelbehälter einer Lampe.

es kommt Schüleraussruf bei Annäherung des Lehrers, die wohl wie ein unpersönliches Verhängnis empfunden wird.

Kopekenficker, -scheiszer Pfennigfuchser, Filz.

Kothflügel die Bretter am Wagen oder Schlitten, die das Anspritzen des Straszenschmutzes verhindern sollen.

Kragen, gegen den Kr. gegen die Natur.

Krebs halbwüchsiges Mädchen.

Kron in Zusammensetzungen, die mit ihrem fehlenden *s* als Zwischenlaut wohl von denen mit *s* zu unterscheiden sind und in denen durch das vorgesetzte *Kron* die Primawaare bezeichnet wird. Man hat *Kronasche, -flachs, -häringe, -holz, -leinsaat, -taback, -talg,* das alles *Kronwaare* im Gegensatz zu *Wrackwaare,* und als solche gemärkt, jede Waare mit ihrem eigentümlichen Zeichen. Man hat auch *Kronbalken, -bretter, -dächpfannen, -dielenden, -faszholz, -kluftholz, -kruken, -masten etc.*

Krone, die hohe Krone Bezeichnung für die Staatsregierung. Die hievon abgeleiteten Zusammensetzungen haben *s* als Zwischenlaut. Sie sind ausserordentlich zahlreich. Es gibt *Kronsabgaben, -ämter, -arrenden, -bauern, -beamten, -behörden, -christen* die ihr kirchliches Verhalten nach den ausgesprochenen oder stillen Wünschen der Regierung richten, *-dienste, -eigentum, -feiertage, -feste, -gelder, -güter, -holz, -gymnasien, -kasse, -kosten* „er studiert auf *Kr.*", *-pastorate, -ruderer, -schulen, - studenten* die auf Staatskosten studieren. Man würde in Deutschland sagen „Staatsämter, Staatsbeamten, Staatsbehörden etc."

Kurzschusz Deficit, ganz gewöhnlich; für „Ueberschusz" kommt auch *Langschusz* vor.

kuscheln streicheln, verstärktes nd. *kusen* kosen.

Lage Zimmerdecke, Plafond, estn. *lagi.*

Laken, zwischen L. fest zu Bett.

landisch, lundsch, die *Landschen* von den auf dem Lande wohnenden Gebildeten, nicht den Bauern.

Landstelle Bauergut.

Läufling Deserteur, Vagabund, Umhertreiber; fig. ein abgerissener, zerlumpter Kerl.

Lehmpatze ungebrannter Ziegelstein.

Lehrkinder, *Lehrschüler*, *-knaben* und *-mädchen* Confirmanden.

lehrfrei wer den Confirmandenunterricht besucht hat.

litsch-latsch lautnachahmend vom schleppenden Gang.

Lofstelle Flächenmass bei Ländereien und das danach bemessene Land; es giebt auch *Halblof-*, *Viertellof-*, *Achtellofstellen*; am häufigsten *Vierlofstellen*.

Lohnkorn das den Knechten als Lohn verabfolgte Korn.

Lostreiber Tagelöhner auf dem Lande, Häusling; mnd. *lôsjungere* Hörige, die in keiner Genossenschaft stehen.

Lostreibertag Tag, an dem Tagelöhner zu stellen sind, an dem mit Tagelöhnern gearbeitet wird.

Loskerl in der Stadt wohnender bäuerlicher Tagelöhner.

lossiehen ausreissen, von Menschen und Thieren, bes. Pferden.

luntig feige; *Lunten haben* feige sein, Angst haben.

mal auf mal einmal nach dem anderen.

Miethling ein auf Tagegelder angestellter Unterbeamter.

Milizer Lanzenmann, *estn. oda-mes.*

mopsen foppen, reizen, ärgern.

Mordweg ein nichtswürdig schlechter Weg.

Musze geschlossene Gesellschaft, Versammlungslokal einer solchen, Casino, Club.

Nachhut Abweidung einer Wiese nach der Mahd.

Nachthütung das Weiden über Nacht, *estn. öits*, im Unterschied von *Taghütung*.

nächtigen über Nacht einkehren, sehr gew.

nachträglich der erfahrene Unbill gehässig nachträgt.

Nachwinter letzter Theil des Winters, wie sonst von einem Nachsommer gesprochen wird; oder kalte Zeit nach Ablauf des Winters.

nadeln stopfen, von Linnen, seltener von Strümpfen; von Pferden, ausgreifen, losziehen; wie *nd. naien*, das gleichfalls beide Bedeutungen in sich vereinigt.

narrieren Narrheiten treiben.

nasch begehrlich, lüstern, lecker auf etwas.

Neubruch neuerlich urbar gemachtes Land.

neufrei nicht mehr *glebae adscriptus*.

Nickel eigensinniger, nickscher Mensch.

Ofenbrei der im Ofen in einer Form zugerichtete Brei.

offenbares Meer, offene See.

Pferdetag der mit Anspann geleistete Gehorchstag der Bauern.

Pickel Jagdhund, wie sonst Pikeur.

pischeln barnen.

plickern kümmerlich arbeiten, kleine wenig lohnende Arbeit verrichten, *nd. plik* Kleinigkeit, Punkt.

Pobel kleiner, bis 13 Lispfund schwerer, nicht in Matten eingeschlagener Flachspacken.

Postierung Postbezirk.

Puff Nachmittagsschläfchen; Borg: „auf Buff" auf Borg.

puffen ein Nachmittagsschläfchen halten; borgen.

purren a. d. g. B. (stossen, schüren, zerren) zischen, suusen, rasch gehen: „er purrte durchs Zimmer"; zornig werden, aufbrausen.

quirren weinen, schreien, anklingend an *nd.* quarren und quienen.

racheln trs. u. intrs. hauen, mit Geräusch stossen, gewaltsam stürzen, *frequ.* zu *nd.* raken treffen, streichen, fegen; *durchracheln* durchprügeln; mit Geräusch durchfallen, durchs Examen fallen.

Racker loser Schelm, *rackerig* widerspenstig, *rackern* sich eigensinnig benehmen; die ursprüngliche Bedeutung von Schinder, Abtrittsfeger nur noch in *sich abrackern* sich abschinden, abarbeiten.

rappeln mit heftigem Ruck knirrend reissen, *estn. räpastama*, verwandt mit *nd. rappen* geschwind reissen, von *nd. rap* schnell, hurtig, geschwind; *schweiz. rappeln* sich mit grosser Geschwindigkeit geräuschvoll bewegen.

Rasenvogel scherzhafte Bezeichnung des Landmessers, dem estnischen *mätalind* nachgebildet.

Rauchfrost Rauhfrost, *osnabr.* rufrost, *Rauchreif* Reifrost, *nd. rugeriep.*

Rauchfutter Kurzstroh.

Rauhbank der grosse, von zwei Männern geführte Hobel.

rindern von Kühen, nach dem Ochsen verlangen.

ruffelig unordentlich, verwühlt, abgerissen, zerlumpt; *nd. reffeln* fasern.

ruscheln mit leisem Geräusch hin und her fahren, oft in der Zusammensetzung *ruscheln und puscheln.*
Rutsche f. Glitschbahn.
Saft mit Zucker eingekochte Früchte, im Unterschied von *Mos; Klarsaft,* klarer *Saft* durch den Saftbeutel gelaszener Fruchtsaft, der mit Zucker zu einem Gallert dick eingekocht ist.
Schafferi f., zuweilen *n.* Vorrathskammer.
Schelfer m. die sich abblätternde Haut, nach *nd. schelfern, schelferig* gebildet; *nd. schelpe, schulpe.*
Scherwand spanische Wand, zum Abtheilen des Zimmers oder zum Bettschutz dienend (Soll auch nordd. sein).
Schierfleisch Fleisch ohne Knochen, von *nd. schier* lauter, unvermischt.
Schilter Unterfrohnvogt, Aufseher über die Fuszarbeiter.
Schmiedegast Schmiedekunde, wie sonst von einem Mühlgast gesprochen wird.
schmurgeln sudeln, schmieren.
schnippen kurz angebunden, naseweis in Worten sein, von *nd. snippsk* schnippisch.
Schnurland der von dem Gemeindeland dem einzelnen Bauer nach der Meszschnur zugetheilte Acker.
Schnurstück das mit der Schnur vorgemeszene Stück für Mäher.
Schofel ein abgeriszenes, unbrauchbares, unanständiges Subjekt.
Schrapkuckel das kleine, von dem zuletzt noch aus dem Brottrog zusammengekratzten Teige gebackene Brot, scherzw. auch das jüngste Kind, *estn. rabi-kack.*
Schups Stosz, *nd. schup* mit verstärkendem *s.*
schüszen mit unterlegten Pferden weiterbefördern, von *nd. schott* „Schüsze".
schustern jemandem Beine machen, jemanden abziehen laszen, hinausweisen.
schwenden, factit. zu *schwinden* vom Röden eines Landstücks; davon die *Schwende* Rödung, *Schwendeland* gerüdetes Land.
Schwinderling Stosz.
Sechstler Zweitagsbauer, der wöchentlich als Gehorch zwei Pferdetago zu leisten hat.
Spanfund ein Orakel, bei dem zur Gründung eines Wohnplatzes von den Bauern zwei Späne ausgelegt werden und nach den Ameiszen, die sich unter jedem gesammelt haben, beurtheilt wird, wo am besten das Wohngebäude und wo die Nebengebäude errichtet werden sollen; *estn. lastu-leid.*

sich sperkeln mit Händen und Füszen ohnmächtig sich gegen etwas sperren, *nd. sparteln.*
spicken durch die Lappen gehen, weglaufen, gew. *ausspicken;* sich durch Abschreiben, Ablesen, verbotene Benutzung fremder Leistungen unerlaubte Vortheile machen.
Steinzeug Porzellan. Soll stellenweise sich auch in Nordd. finden.
Stelle Ländereí; *Bauerstelle, Landstelle, Bauergesindestelle* das im Nieszbrauch eines Bauerwirts befindliche Land; so auch *Lofstelle, Külmitstelle, Tonnenstelle.*
Strauchhaus mit Strauch als Füllung gebautes Bauerhaus.
Strauchstil elender Baustil, wie man ihn an Strauchhäusern gewohnt ist.
Tagesbauer Eintagsbauer, der für das von ihm benutzte Landstück einen Tag in der Woche mit Anspann Gehorch zu leisten hat.
Tagesland das einem Eintagsbauer zur Bearbeitung übergebene Land.
-tägig von Arbeitern, Bauern; es gibt *ein-, zwei-, drei-, sechs-, zwölftägige* Bauern, je nachdem sie in der Woche ein, zwei, drei, sechs, zwölf Arbeitstage zu leisten haben.
Tischvorsteher, Tischgehilfe, Tischbeisitzer Vorsitzender, Gehilfe, Beisitzer bei einer juristischen Regierungsabtheilung.
Todte Seele heiszt nach dem Russischen das verstorbene, zur Kopfsteuer angeschriebene Subjekt, für das noch eine bestimmte Zeit, bis zum Ablauf des bestehenden Termins, die Steuer fortgezuhlt werden musz. Sie zählen in den Registern solange mit, daher die ruszischen Beamten mit diesen offiziel Lebenden, aber in Wirklichkeit Todten sich in früheren Jahren erwünschten Vortheil zu machen verstanden.
Träber Rennpferd; davon *Träberbahn* Rennbahn, *Träberschlitten* Rennschlitten.
Tragsen pl. Hosenträger.
Trumm n. Stück Zwirnfaden, soviel zu einmaligem Einfädeln nöthig ist.
tucken, eintucken einschlummern, einnicken, *nd. duken* tauchen, den Kopf beugen.
tummen, abtummen eine Flüszigkeit, bes. Sauce od. Suppe, „tummig" machen.
Tunke die Feuchtigkeit, mit der man etwas benetzt, in die man etwas eintaucht; *Milchtunke* Befeuchtung mit Milch.

übereck an der Ecke, über die Ecke, diagonal.
Uebernahme ordentlicher Empfang, Antreten z. B. eines Guts.
Unland Land, das sich in keiner Weise bebauen läszt.
unnütz in keineswegs tadelndem Sinn, vergeblich, überflüszig.
Unsal Scheusal.
Unterkorn schlechtes Getraide, im Gegensatz zu *Saatkorn*.
Unterlegung Relais, Wechsel der Pferde.
Untermasz nicht ausreichendes Masz.
unverpaszt nicht in die offizielle Passliste eingetragen.
Urlehm alter Lehm.
Verhack nicht blosz das als Zaun dienende abgehauene Gesträuch, sondern auch der so eingezäunte Platz.
Verschlag Ueberschlag, Berechnung.
es verschlägt es macht aus, „das verschlägt mir gar nichts" macht mir nichts aus, ist mir ganz einerlei.
verschlagsam ausgiebig.
vielweserig von Personen, umständlich, weitläufig. Hin und wieder auch in Nordd. vorkommend.
Viertler Dreitagsbauer, der wöchentlich drei Anspanntage zu leisten hat und dafür den vierten Theil einer Stelle, den 16. Theil eines Hakens inne hat.
Vorfeuer das Feuer vor dem Hauptfeuer in Stube oder Küche.
vorhalten ausreichen, *sufficere*.
Vor- und *Nachlehre* die dem eigenen Confirmandenunterricht vorausgehende und nachfolgende religiöse Unterweisung; wer den Confirmandenunterricht besucht, aber erst, nachdem der folgende mit ihm abgehalten ist, confirmiert wird, besucht die *Vorlehre*; wer nach der Confirmation noch einmal am Confirmandenunterricht theilnimmt, die *Nachlehre*.
vorschlagen hinreichen, sich als ausreichend erweisen.
Vorschmack Vorkost, auch *Frühstück*, Aufbisz, Zubisz.
vorstellen jemanden der Regierung, zur Beförderung, Decorierung, Belohnung empfehlen.
Wächsling, Halbwächsling ein halbwüchsiger Mensch beiderlei Geschlechts, ein Mensch von unansehnlicher Figur; *Aufwächsling* heranwachsender Baum.
waszerhart von Feldern, übermäszig gesättigt mit Waszer, stärker als *waszerhaltig*; dasselbe was *waszerbögsch* s. d.
Wechselgehorch der reihweise übernommene Gehorchdienst.
Willigung nicht blosz *concessio*, sondern auch *concessum*.
Windbaum die Wolkenstreifen, welche die Richtung bezeichnen, von wo der Wind wehen wird.
windigen das Getraide, mittels des Windes von Spreu reinigen.
Zehnter dem der Zehnte entrichtet wird.
Zulp Lutsch- od. Nutschbeutel; *zulpen* lutschen, nutschen; auch nordd.
zuthätig rasch bei der Hand, hurtig, geschickt eine Sache in Angriff zu nehmen.

Das ist eine schon recht stattliche Reihe von Ausdrücken, die, sprachlich durchaus richtig gebildet, in dieser Form oder der ihnen hier beigelegten eigentümlichen Bedeutung in Deutschland unbekannt oder nur wenig bekannt sind, in Gr. W., soweit Vergleichung möglich, entweder gar nicht oder in anderer Bedeutung angeführt sind oder auch, doch gilt das nur von wenigen, ohne Beleg geblieben sind. Viele, die sonst nur durch Umschreibung oder durch Fremdwörter wiedergegeben werden, müszen als wirkliche Sprachbereicherung gelten.

Dasselbe gilt von einer Reihe adjektivischer Bildungen:

blasig von Kleidern, wenn das Futter weiter ist, als das Oberzeug; von der Meische, Blasen treibend.
bodig in Zusammensetzungen, *flach-, tiefbodig* mit flachem, tiefem Boden.
borkig schorfig.
buchtig gebuchtet, Biegungen habend.
butterig butterartig, Butter enthaltend.
daunig daunenweich, schwellend wie von Daunen.
dörptsch aus Dorpat stammend.
einherrig von verschiedenen Besitzlichkeiten, die Einem Herrn gehören.
fadig in Zusammensetzungen, *ein-, zwei-, dreifadig* einen, zwei, drei Faden lang.
feldig, nicht *felderig*, in Zusammensetzungen, *ein-, zwei-, dreifeldig*, von der Ackerwirtschaft.
flechtig mit Flechte überzogen.

fudrig von Getraide, Fuder abgebend; *ein-, zweifudrig* ein, zwei Fuder enthaltend.
füllig von Fülle zeugend, voll.
geräuschig Geräusch verursachend, geräuschvoll.
glasig glasartig, wie mit Glas überzogen, wie aus Glas beschaffen.
gleisig zu Gleisen ausgefahren.
grasig mit Gras bewachsen, mit Gras überzogen, wie Gras schmeckend.
griesxig mit Griesz überdeckt.
hedig hedeartig, wergartig.
hopfig nach Hopfen schmeckend, hopfenhaltig.
kaffig von Eiern; muffig.
kabbig albern, läppisch.
kerbig gekerbt.
kiesig mit Kies bedeckt, kieshaltig.
klarfadig von Flachs, klare Fäden gebend.
klöszig von Ackerboden, klumpig.
knallig- auffallend.
knospig mit Kospen bedeckt.
kohlig kohlenartig.
krallig krallenartig.
liespfündig ein Liespfund (20 ℔) enthaltend.
mistig mistartig.
mulmig von der Erde, locker; von Holz, ausgefault.

pelzig zäh, geschmacklos.
pudig in Zusammensetzungen, *ein-, zweipudig* ein, zwei Pud (40, 80 ℔) schwer.
rasig mit Rasen überzogen.
rautig rautenförmig.
reckig was sich recken, zu Fasern ziehen läszt.
röhrig röhrenförmig.
rubelig in Zusammensetzungen, *ein-, zehn-, hundertrubelig* von Bankscheinen, die einen, zehn, hundert Rubel werth sind.
sackig gesackt.
scheitig in Zusammensetzungen, *ein-, zweischeitig*, von der Länge des Holzes.
seuchig mit Seuche behaftet.
sohlig in Zusammensetzungen, *breit-, schmalsohlig*, von Schlitten.
splintig vou Holz, mit Splint überzogen.
strauchig strauchähnlich.
stückerig in Stücken sich ballend, klumpig.
thauig mit Thau bedeckt, von Thau erfüllt.
trespig voll Trespe.
wandig in Zusammensetzungen, *dick-, dünnwandig*.
wiekig eingebogen.
zeilig in Zusammensetzungen, *ein-, zwei-, dreizeilig*, von der Gerste.

Ein reiches Contingent von eigenartigen, oft sehr glücklichen Bildungen stellen die Zusammensetzungen mit Präpositionen und Partikeln, wie *ab, an, auf, aus, be, bei, ein, durch, ver*.

In den vorzuführenden Wörtern bezeichnet *an* 1) die Vollständigkeit, bis zu Ende, das Mühsame, oft = *aus, ver* 2) das Theilweise 3) die Verstärkung 4) das Factitive 5) die Scheidung, von etwas weg, davon.

Die erste Bedeutung gewinnen:

abackern ein Feld, vollständig ackern.
abarbeiten fertig arbeiten.
abbacken, gew. *abgebacken* ausgebacken.
abbleichen verbleichen, die Farbe verlieren.
abbrauchen verbrauchen, bis zur Untauglichkeit brauchen.
abducksen mit Schlummern zu Ende sein.
abdunsten trs. Feuchtigkeiten oder Glühkohlen, stehen lassen, bis sie durch Verdunstung gebrauchsfähig geworden sind.
abeggen ein Feld, eggen.
abeszen zu Ende eszen.
abfegen fegen, kehren.
abfertigen im Postwesen, Briefe und Packete expedieren.
abfrühstücken mit dem Frühstück fertig sein.
abfurchen vollständig furchen.

abglühen ausglühen.
abhageln aufhören zu hageln.
abhören sämtliche vorgeschriebene Vorlesungen, hören.
abkanken, gew. *abgekankert* verlumpen, verlumpt.
abklären trs. u. intrs. von Flüszigkeiten, klar machen od. werden.
abklären geschmolzene Butter, durch Stehenlaszen die unreinen Theile zum Niederschlag bringen.
sich abkröpeln sich mühsam abarbeiten.
ablaichen zu Ende laichen.
ablaugen auslaugen.
ableisten einen Dienst, bes. den Militärdienst, beendigen.
ablesen so und soviel von einem aufgegebenen Stück, fertig lesen.
ablohnen auslohnen, den Lohn auszahlen.
abmagern von Feldern, ausmergeln.

abmästen gut mästen.
abmurksen ungeschickt zerschneiden.
abpladdern zu Ende regnen.
abplätten ausbügeln.
abpuffen mit Schlummern fertig sein.
abquellen Fleisch od. Hülsenfrüchte, Gemüse, aufs Feuer bringen und aufkochen lassen.
abschäumen intrs. den Schaum durch Zerrinnen verlieren.
abschlafen zu Ende schlafen, ausschlafen.
abschwenden schwenden.
abspeisen mit der Mahlzeit zu Ende sein.
absticken, abnähen, absteppen für sonst übliches *ausnähen, -steppen, -sticken*.
abstillen vollständig stillen, befriedigen.
abstümen aufhören zu stümen.
abtanzen die Braut, indem ihr von, den im Kreisz sie Umtanzenden der Brautkranz od. die Krone unter Scherzen abgenommen wird.
abtrauern die bestimmten Monate zu Ende trauern.
abtreiben Blumen, bis zur Entkräftung treiben, übertreiben.
abtrinken mit dem Trinken zu Ende sein.
abtrocknen intrs. ganz trocken werden.
abtummen tummig machen.

2) *ab* bezeichnet das Theilweise:

abbrauchen zum Theil verbrauchen, z. B. Medizin, im Gegensatz zu *ausbrauchen*.
abdorren an den Wipfelenden verdorren, im Gegensatz zu *ausdorren*.
abfrieren von Pflanzen, an den Enden erfrieren, im Gegensatz zu *ausfrieren*.
abschlafen einen Theil des Schlafs abmachen; im gleichen Sinn, doch verstärkt, *abratzen*.

3) *ab* bezeichnet die Verstärkung, Ermüdung, Beschädigung:

abaasen abjagen, durch wüstes Wesen verderben.
abängsten trs. u. *refl.* ängsten.
abäsen die Thierhaut, von Fleischadern befreien.
abbleuen durchprügeln.
abdachteln ohrfeigen.
abdämmern verhauen.
abducksen mit Faustschlägen stoszen.
abfaksen mit albernen Spässen, Faksen quälen.
abgrassieren refl. sich durch Herumtollen ermüden.
sich abgrübeln sich durch Grübeln ermüden.
abhageln verhageln.

sich abhandeln sich müde handeln.
abholzen durchprügeln.
abjackern müde jagen.
sich abkahbeln sich zanken.
abkacheln trs. u. *intrs.* mit Gewalt schlagen, abgleiten.
abkeilen durchprügeln.
abknallen verhauen.
sich abknozen sich abmühen an kleiner Arbeit.
sich abknuffeln dasselbe was *abknozen*.
abkränken schwer kränken.
abkrutzen verkratzen.
sich abgucken sich müde gucken.
abledern verledern, verhauen.
abliegen Arme oder Beine, durch falsche Lage oder zu hartes, langes Liegen zum Vertauben, zum Schmerzen bringen.
ablothen ins Loth bringen, was senkrecht sein musz.
sich abmarachen sich abquälen.
abmogeln meucheln.
abmuksen tödten.
abpauken verhauen.
sich abpinkern sich mit kleiner Arbeit abmühen.
abpudern herunterschelten.
sich abpuscheln sich mit starken Bewegungen in Unordnung bringen.
abquästen mit Ruthen streichen.
abquatschen mit breitem läppischen Reden quälen.
sich abrackern sich ermüden.
abreffeln ausschelten.
abritschen geschwind und heftig abprügeln.
abschalen verschalen, schal werden.
abschärfen eine Sauce, säuern.
abschmecken durch Schmecken prüfen.
sich absitzen sich müde sitzen.
abstreichen mit Ruthen verhauen.
abstripsen züchtigen.
aktauben vertauben.
abverkündigen ein Brautpaar, aufbieten, proclamieren.

4) *ab* mit factitiver Bedeutung:

abkanten Bretter, Balken, kanten.
sich abschmieren sich beschmieren.
sich abschmurgeln sich besudeln.
abspritzen die Wäsche, bespritzen.

5) *ab* bezeichnet die Scheidung, Veränderung:

abbarten Austern, den s. g. Bart abnehmen.
abbetrügen durch Betrügen um etwas bringen.

sich abbetten das Bett wechseln.
abbietrn kleine Kinder, zur Befriedigung eines „Bedürfnisses" abhalten, von beiten Geduld haben, warten.
abbcordern einen Beamten, an eine andere Stelle beordern.
abbeugen abwenden, verbiegen.
abblitzen trs. u. intrs. kurz abweisen, kurz abgefertigt werden; sich rasch entfernen.
abbringen ein Schiff, das sich fest gefahren hat, wieder flott machen.
abbritschen kurz abfertigen, abweisen.
abcommandieren nicht blosz von Militärpersonen, sondern auch allen Civilbeamten, an eine andere Stelle versetzen, in ein anderes Ressort beordern.
abfellen abhäuten.
sich abfinden z. B. mit einer Wohnung, von der man nichts wiszen will.
abflitzen dasselbe was abblitzen.
abflöhen von Flöhen reinigen.
abfragen etwas, abfordern, z. B. der Magd die Schlüszel.
abfurchen durch übergreifendes Furchen ein Stück Land wegnehmen.
abgeben Schüler, in eine Anstalt, Pension geben.
abgeschieden von Eheleuten, die gerichtlich getrennt sind.
abgewöhnen einen Säugling, entwöhnen.
abgnaben abnagen.
abhalten auf jemanden zufahren, um bei ihm Halt zu machen.
abkacheln mit Schimpf und Schande abziehen; mit Gewalt herunterstürzen.
abkutern abladen.
abkegeln abziehen; herunterstürzen: „der Schornstein, das Turmkreuz, die Dachziegel sind bei dem Sturm abgekegelt".
abkehren einen Nebenweg einschlagen.
abklatschen abweisen.
abkleiden auskleiden.
abklotzen abzahlen.
abkneifen beendigen.
abknoten ein Band, durch Lösen einer Schlinge abtrennen.
abköstig von Brot, an dem die Rinde sich abgelöst hat.
abkramen zur Seite kramen.
ablaszen einen Dienstboten, entlaszen; eine Waare, zu einem bestimmten Preis weggeben; einen Eisenbahnzug, abgehen laszen.
ablegen von Hühnern, legen; von Gegenständen, nicht blosz von Kleidungsstücken, an einem Aufbewahrungsort niederlegen, zur Seite stellen.

abliegen ein Bett oder Kissen, durch Liegen verdrücken.
sich ablösen von den Neujahrs- und Ostervisiten, sich durch Zahlung eines Beitrags freikaufen.
ablügen durch Lügen eine Thatsache verdecken, im Gegensatz zu *zulügen* etwas unwahres hinzusetzen.
abmiethen aftermiethen.
abmindern vermindern.
abmodern abfaulen.
abnabeln ein Kind, von der Nabelschnur trennen.
abnehmen durch Malen, Zeichnen, bes. Photographieren, aufnehmen; eine zu prüfende Lieferung zustimmend übernehmen, bes. Rekruten.
abpatschen abziehen.
abpflücken Federn, spleiszen.
abpflügen mit dem Pflug vom Rain etwas abnehmen.
abpremsen kurz abfertigen.
abpuffen abborgen.
abquaszen Obststräucher, durch unmäsziges Eszen plündern.
abquetschen Geld, durch zudringliches Bitten abnehmen.
Abraum Abfall, Geröll.
abrucken unverrichteter Sache abziehen.
abschauern durch eine „Scherwand" abtheilen.
abschieben abziehen.
abschläglich auf Abschlag.
sich abschlieszen sich einschlieszen.
abschmänden die Milch, den Schmand abnehmen.
abschmoren vorläufig und leichthin schmoren.
abschnickern abschnitzeln.
abschnüren einen Balken, der behauen od. zersägt werden soll.
abschreiben Personen und Immobilien, in der Personalliste od. dem Steuerbuch ausstreichen, exgrossieren.
abschupsen durch einen tüchtigen Stosz zur Seite schieben.
abschwelen von Lichten, durch Schwelen sich verzehren.
absein von der Schlittenbahn, abgegangen sein.
absetzen eine Leiche, vor der Beerdigung auf Zeit an einem Orte niedersetzen.
sich absetzen von Flüszigkeiten, durch Stehen klar werden.
absitzen ein Möbel, durch Sitzen unscheinbar machen.
absoden in Rasenstücken abstechen.
abspalten Holz, durch Spalten theilen.
abspanen Holz, Späne abschneiden.

— 53 —

abspertelu eine Bettdecke, durch Zappeln abwerfen.
abspicken losziehen, auf und davon gehen; in unerlaubter Weise in der Schule ablesen.
abspleiszen Federn, abspalten.
absplinten einen Baum, seines Splintes entkleiden.
absprieszen eine Wand, stützen.
abstapeln von dem Gestapelten einen Theil wieder wegnehmen, das Ganze wieder auseinandernehmen.
abstehen von Flüszigkeiten, nicht: durch Stehen verderben, sondern durch Stehen klar werden mittels Ausscheidung und Niederschlag der unreinen Theile.
absteifen eine Wand, durch Streben stützen.

abstellen einen Gegenstand, an einem geeigneten Orte zeitweilig oder dauernd niederstellen.
abstillen einen Säugling, entwöhnen.
abstören durch Stören in einer Arbeit unterbrechon.
abstrippen abstreifen.
abstückern trs. u. intrs. abbröckeln.
abtakeln Kleidungsstücke, ablegen.
abwählen nicht wieder wählen.
abwohnen sich für erlittene Unkosten dadurch entschädigen, dasz man eine Wohnung solange benutzt, bis dadurch eine Entschädigung gefunden ist.
abziehen einen frischen Mauerputz, mit der scharfen Kante des Reibbretts von Unlebenheiten frei machen.
abzügeln ein Pferd, den Zügel abnehmen.

In zahlreichen Ausdrücken weist *ab* elliptisch auf die innegehabte Dienststelle hin, so in den für Dienstboten üblichen Wendungen:

abdürfen, -können, -laszen, -mögen, -müszen, -sein, -sollen, -werden, -wollen, sich -wünschen, wo jedesmal zu ergänzen ist: von der bisher innegehabten Stelle, aus dem Dienst; so auch *abreden* einen Dienstboten, bereden, dasz er seine Stelle verlasze.

Eigentümlich ist die Vorliebe für Zusammensetzungen mit *ab* in Küchenausdrücken, gleichfalls meist elliptisch:

abbacken, -bähnen, -balgen (einen Hasen), *-braten, -brühen, -dämpfen, -drücken, -dunsten, -hülsen, -klaren, -klären, -kochen, -kühlen, -laugen, -putzen* (Gemüse), *-quellen, -rühren* (Milch od. Butter), *-seihen, -schäumen, -schmoren, -sengen* (Geflügel), *-schmänden, -schmoren, -schmecken, -schwefeln, -sieben, -summen, -weeichen.*

an steht 1) häufig pleonastisch 2) um eine schlimme Folge zu bezeichnen 3) elliptisch mit Ergänzung von Wand, Leib, Leibesgliedern etc. 4) für *heran* 5) verstärkend 6) inchoativisch.

1) pleonastisch:

ananyeln, anbefestigen, anbeginnen (wie auch in Deutschland *Anbeginn* üblich), *anerhalten, anermahnen, anerwägen, anfordern, Anfordernis* (Erfordernis), *anmiethen, annotieren, Anprobe, Ansaat Aussaat, anstauen, anverloben.*

2) um eine schlimme Folge zu bezeichnen (das hinzugosetzte *sich* ist dann als *dat.* zu faszen):

anbaden durch vieles und zu langes Baden sich eine Krankheit zuziehen.
aneszen durch Unmäszigkeit im Eszen sich etwas zuziehen. Ebenso *anhusten, anschnapsen, antrinken, anturnen* u. v. a.

3) elliptisch, oft = *daran;* meist zu ergänzen Wand, Leib oder ein besonderes Leibesglied:

anbacken vom Schnee, sich anballen.
anbekommen Kleidungsstücke, an den Leib ziehen können.
anbrennen anschlagen.
anbumsen dumpf an etwas schlagen.
andämmern heftig gegen etwas schlagen oder stoszen.

sich andränge(l)n sich unbescheiden jemandem aufdrängen, jemandem auf den Leib rücken.
andröhnern gegen die Wand heftig werfen.
anducken an die Wand drängen.
andürfen von Thieren, an das Weibchen zur Begattung dürfen.

anfahren gegen die Wand fahren.
anfugen durch Fugen mit etwas verbinden.
angerinnen an der Haut fest gerinnen.
anglupen von unten tückisch ansehen.
angrienen mit verzogenem Munde anlachen.
anheben an die Wand heben.
anhelfen die Kleider, anziehen helfen.
ankacheln heftig gegen die Wand stoszen, schlagen, stürzen.
ankämmen glatt, dicht an die Schläfe kämmen.
ankanten in einer Kante ansetzen.
ankatern Putz aufladen.
ankeilen dasselbe was *ankacheln*.
anklatschen gegen die Wand klatschen, von Lehm; an die Wand klatschend werfen, von Personen.
sich ankleksen sich unbescheiden jemandem aufdrängen.
anknallen gegen die Wand werfen; einen übertrieben hohen Preis fordern.
ankneifen die Ohren, an den Kopf legen.
ankuillen refl. sich betrinken.
ankoddern beschmutzen.
anködern einen Wurm, als Köder an die Angel legen.
ankommen von einem Kleidungsstück, Handschuhen, Stiefeln, an die Hand, den Fusz kommen; von Thieren, an das weibliche Thier zur Begattung.
ankönnen von Thieren, an das Weibchen zur Begattung.
ankrampen mit Krampen befestigen.
ankrausen als Krause ansetzen.
ankrölen anschreien.
ankröpeln ein Kleidungsstück, mühsam anbekommen.
anlucken mit Lack befestigen.
anlangen bis an etwas reichen.
anlaszen von Thieren, zur Begattung zulaszen.
anlaufen von Schiffen, einen Hafen, Küstenort berühren.
anmachen Fensterladen, Thüren, anlehnen.
anmögen von Thieren, an das weibliche Thier zur Begattung.
anmüszen von Thieren, an das weibliche zur Begattung müszen.
annadeln mit leichten Stichen annähen.
anpatschen mit der Hand plump anfaszen.
anpauken heftig gegen die Wand schlagen.
anpflöcken mit Pflöcken befestigen.
anpinkern mit feiner, mühsamer Arbeit befestigen.
anpirren anquärren, anschreien.

anpischeln commingere, an die Wand.
anplärren widerlich anschreien.
anpuffen um Borg angehen.
anpurren mit strengen Worten anfahren, anschnauzen.
anpuscheln saumselig und unordentlich anziehen.
anquasen ein zu enges Kleidungsstück auf den Leib zwängen.
anquatschen verstärktes *anquasen*.
anquetschen gegen die Wand quetschen.
anracheln heftig anschlagen, anstoszen, gegen etwas stürzen.
anreichen an etwas reichen.
anreihen mit Reibfäden befestigen.
anschilpern an etwas „schilpernd" giessen.
anschlagen intrs. gegen etwas schlagen.
anschlampen Kleider, schlampig anlegen.
anschleudern gegen die Wand schleudern.
sich anschmeiszen sich unbescheiden aufdrängen (Schmeiszfliege).
anschmettern heftig gegen die Wand schleudern.
anschmoren durch Schmoren an der Pfanne hängen bleiben; *refl.* sich betrinken.
anschreiben als steuer- oder dienstpflichtig in die Liste eintragen.
anschustern jemandem etwas unbrauchbares betrügerisch aufhängen.
ansein von Thieren, am Weibchen zur Begattung.
ansielen anschirren, mit Sielen belegen.
ansolkern anschmutzen.
ansollen von Thieren, an das Weibchen zur Begattung.
anspillen Geflügel, mit Holzspieszchen an den Beinen durchstechen.
ansteppen mit einer Steppnath anfügen.
anstopfen mit der Stopfnadel anfügen.
anstoszen ein Brett an ein anderes fügen; an die Wand stoszen.
anstümen an die Wand eines Hauses, Zauns, einer Mauer stöbern.
antakeln Kleidungsstücke, Putz anlegen.
Anweg Weg, der zu einem Hause führt.
anwerfen gegen die Wand werfen.
anwollen von Thieren, an das weibliche Thier wollen zur Begattung.
anwurzeln an den Boden festwurzeln.
anzacken zackenförmig ansetzen.
anzäppen jemanden in feiner Art auf Geld anzapfen, *nd.* tappen.
anziehen beim Nähen, scharf annähen.

4) **═** *heran*, gleichfalls oft elliptisch:

anbringen kaufmännisch, zum Verkauf, zu Markte bringen.

andampfen „das Schiff, die Locomotive kommt angedampft".
anfahren „der Kaiser kommt angefahren".
Anfuhr Zufuhr.
anhinken hinkend herankommen.
anhusten „der Bettler kommt angehustet", hustend herankommen.
anködern durch einen Köder heranlocken.
ankriechen herankriechen.
ankröpeln mühsam, wie ein Krüppel herankommen.
anlaufen heranlaufen.
anpuscheln saumselig herankommen.
anreisen fremd aus dem Ausland kommen; *Angereiste* zugereiste Fremde.
anrudern rudernd herankommen.
anschlampen schlampig herankommen.
anschwiemeln taumelnd herankommen.
ansegeln heransegeln.
antreiben Vieh, zu Markte treiben.
anziehen einen Vergleich, ein Beispiel, ein Citat, anführen, heranziehen.

5) verstärkend:

anpurren antreiben.
anquetschen dringend um Borg angehen.
ansagen streng und nachdrücklich befehlen.
ansputen zur Eile antreiben.
anwettern heftig anfahren.

6) inchoativisch:

unbeizen vorläufig, an der Oberfläche beizen.
anbekommen Feuer, zum Brennen bekommen.
sich andonnern sich stark betrinken.
sich andränen sich einen Rausch anlegen.
andringen unmerklich anschwellen.
sich andudeln sich einen leichten Rausch zulegen.
sich andus(s)eln dass. was das vor.

anfragen von Kaufleuten, als ersten Preis fordern.
anfrieren an den Enden beginnen zu frieren.
angedorben leicht verdorben.
angekommen dasselbe was das vor.
Anhau, Anhieb erster Hieb.
anheizen den Ofen, die Kaffee-, Theemaschine heizen.
ankacheln den Ofen, anfangen zu heizen.
anmachen Salat, herrichten.
anmeiszeln mit dem Meiszel anhauen.
anpantschen Wäsche, zum Einweichen anfeuchten.
anpurren anbohren.
anquellen anschwellen.
anquetschen leicht an der Oberfläche drücken.
anrühren eine Speise, Milch, Eier, einrühren.
anschärfen von Meszern, Aexten etc., scharf machen.
anschieszen von Getraide, in Schusz kommen.
anschnickern etwas unnütz und stümperhaft zu schnitzen beginnen.
anschoszen von Pflanzen, in Schusz kommen
anschwelen langsam rauchend anbrennen.
ansetzen den Thee, mit kochendem Waszer übergieszen, um ihn ziehen zu laszen; Teig, zum Gären hinstellen; Gr. W. will in diesem Fall ergänzen „ans Feuer, an die Sonne".
anstämmen mit Stämmeisen anhauen.
anstrammen eine Schnur, fester machen.
ansüszen süsz machen.
anteigen das Mehl, zum Säuern einstellen.
antreiben von der Haut, anschwellen.
antummen eine Suppe, Sauce, tummig machen.
anzeigen durch Zeigen zu lehren versuchen.
anziehen von Oefen und vom Thee, zu ziehen beginnen.
anzünden Licht, nie mit dem Art.

Bei vielen Zusammensetzungen mit *an* ergibt sich die Bedeutung: mit Unterbrechung eines gröszeren Wegs auf einen Augenblick bei jemandem vorsprechen, in Deutschland bei ähnlichen Wendungen mit *vor* wiedergegeben. So in *anbritschen, an dürfen, anfahren, anflitzen, angehen, anjagen, ankommen, anlaufen, an mögen, an müszen, anreiten, anrennen, anschicken, anschieszen, anschneien, an sein, an sollen, anspringen, an werden, an wollen* u. a.

In noch anderer Bedeutung kommt eine elliptische Zusammensetzung mit *an* in gewissen Schulausdrücken vor, bei denen zu ergänzen ist: zum Fragen durch den Lehrer, an die Antwort; so in *ankommen, anmögen, ansein, anwollen* u. a.

auf in Zusammensetzungen steht 1) = *vor* (*aufweisen* verweisen) 2) = *darüber, darauf* (*aufnähen* drauf nähen) 3) = *hinauf* (*aufstreichen* Haare, hinaufstreichen) 4) mit der Vorstellung des Oeffnens (*aufeisen* durch Brechen des Eises zugänglich machen) 5) = zu Ende (*auflumpen* zu Lumpen tragen) 6) = von neuem (*aufschärfen* noch einmal schärfen) 7) zur Verstärkung (*aufstärkeln* stärkeln) 8) elliptisch (*aufdämmern* gehörig schlagen sc. auf den Körper):

aufaasen durch wüstes Schreien, Schlagen, Stochern wecken, öffnen; vergeuden, verderben.
aufarbeiten durch Arbeit öffnen, bearbeiten.
aufbauzen gegen etwas mit dumpfem Schalle stürzen.
aufbegehren heftig aufbrausend begehren.
aufbeiszen frühstücken.
aufbekommen wach, aus dem Bett bekommen.
aufbieten bei Versteigerungen, höher bieten.
aufblitzen Hiebe, aufzählen.
Aufblüthe f. das Aufblühen.
aufbohnen eine Diele, von neuem bohnen.
aufborgen durch Borgen aufbringen.
Aufbot Ausgebot.
sich *aufbräsen* sich in die Brust werfen.
aufbrasseln verbauen.
aufbrauchen verbrauchen; auch *nd.*
aufbrauchen vom Hengst, zur Stute brauchen, und in ähnlicher Bedeutung *aufdürfen, aufkommen, aufkönnen, aufmögen, aufmüszen, aufsollen, aufwollen* etc.; von Kranken, das Bett verlaszen dürfen, aufstehen dürfen, und mit der Ergänzung „aus dem Bett" dieselben eben angeführten Zusammensetzungen.
aufbrennen trs. u. intrs. Hiebe ertheilen; gewaltsam öffnen; fallend aufschlagen; studentisch „einem einen dummen Jungen aufbrennen."
Aufbruch der Flüsze, wenn das Eis abgeht.
aufdämmen Waszer, durch Dämme stauen.
aufdämmern Hiebe ertheilen.
aufdampfen dasselbe was das vor.
Aufdienung. Degradierte werden mit oder ohne *A.* d. h. mit o. ohne Recht, wieder zu höheren Graden im Dienste aufzusteigen, ihrer Stelle entsetzt.
aufdonnern prügeln.
aufdreschen prügeln.
aufdringen leicht anschwellen.
aufdröhnern eine Thür, dröhnend einschlagen; durchprügeln.
Aufeis Ueberels, Hohleis.
aufeisen Flüsze, Straszen, Häfen, im Frühjahr von Eis befreien; auch *nd.*
aufeitern sich eiternd öffnen.

auferhalten wachend od. am Leben erhalten.
auffahren Speise, reichlich und anspruchsvoll auf den Tisch bringen.
auffegen etwas von der Diele wegfegen.
auffeuern dasselbe was *aufbrennen.*
aufftieren übermäszig herausputzen.
aufflitzen rasch und heftig prügeln.
auffüllen Straszen, Dämme, zur erforderlichen Höhe bringen.
auffüttern eine Diele, richten und mit dem nöthigen Untergrund versehen.
aufgalstern auf etwas geifern.
aufgeben Speisen, anrichten, austheilen; von Behörden, auferlegen; bei offiziellen Berichten, angeben.
aufgehen von Flüszen, eisfrei werden; von Geld etc., drauf geben, *consumi*; von Sachen, auf einer erhöhten Stelle Platz finden, auf etwas gehen.
aufhalten lose, d. h. mit Zugebung von Zeug annähen.
aufhauchen drauf hauchen.
aufhauen prügeln; Balken, an der unteren Seite soviel als nöthig weghauen.
aufhusten durch Husten jem. wecken.
aufkacheln prügeln.
aufkatern über einander stellen; mit Putz überladen.
aufkatten den Anker, aufrollen.
aufkaufen in widergesetzlicher Weise Waaren, ehe sie an den Markt kommen, ankaufen.
Aufkäufer Vorkäufer; *Aufkäuferei.*
aufkegeln prügeln; gewaltsam auf etwas fallen.
aufkeilen heftig schlagen, fallen.
aufkoddern auf etwas Schmutz bringen; verlumpen.
aufklatschen klatschend auf etwas legen, schlagen, werfen.
aufklopfen ein Kissen, schwellend machen; einen Schlafenden, durch Klopfen wecken.
aufknacken vorlügen.
aufknallen heftig schlagen, fallen.
aufknauschen dumpf aufschlagen.
aufknören durch Knurrtöne wecken.
aufknoten aus einem Knoten lösen.
aufkommen von Saaten, aufkeimen; im

— 57 —

Verkehr, für jemanden oder etwas als Bürge einstehen.
aufkrackeln mit roher Schrift auf etwas kritzeln.
aufkramen in Ordnung bringen; über einander legen.
aufkrölen durch lautes Schreien wecken.
auflacken mit Lack auf etwas befestigen.
auflagern aufspeichern.
aufläppern einen Säugling, ohne Muttermilch aufbringen.
Auflassung förmliche Uebertragung eines Immobils an den Erwerber.
auflätschen durch latschiges Wesen verderben od. vergeuden.
auflegen Waaren, zum Kauf ausstellen.
aufleisten ein Brett, als Leiste anbringen.
sich aufliegen sich wund liegen; drauf liegen.
aufmachen das Bett, bereiten; eine Berechnung, Bilanz, aufstellen; in der ersteren Bedeutung auch nd.
sich aufmauszern in bessere Umstände kommen.
aufmeszen vermeszen.
aufmuken mit dem Nachschlüszel öffnen.
aufmutzen einem etwas übel anzeichnen.
sich aufnähen durch Nähen sich verkürzen; scherzhaft von Zeug, beim Nähen abhanden kommen.
Aufnahme von Frachtgütern, Annahme.
aufnehmen Kartoffeln, ausnehmen; ein Land, in Angriff nehmen; einen Gast, zum erstenmal, etwa nach der Ankunft, Verlobung, Hochzeit, bei sich in Gesellschaft sehen; beim Tanz, eine Dame von ihrem Sitze zum Tanz führen.
aufpacken vollpacken.
aufpagen ein Kleid, mit dem s. g. Pagen schürzen.
aufpantschen ungeschickt auf etwas gieszen.
aufplantschen zugieszen.
sich aufplüstern sich spreizen, aufblähen.
aufpuffen herausputzen; zuborgen; die Puffen an den Aermeln erneuern od. wieder in Stand setzen.
aufpurren jemandem mit Worten zusetzen, aufbrummen; *intrs.* aufbrausen, zornig werden.
aufpuscheln durch schüttelndes Hin- und Herschieben in Ordnung bringen.
sich aufpusten sich aufblasen.
aufputzen rein aufeszen; ein Haus, den Bewurf erneuern.
aufquasen durch Unmäszigkeit und Unordnung vergeuden; beim Eszen und Trinken auf etwas Schmutz bringen.

aufquätschen mit übermäszigem Putz beladen; einem etwas, durch breites, inhaltsloses Geschwatz aufreden; auf etwas durch Verschüttung Schmutz bringen.
aufquetschen einem etwas aufdrängen; durch starkes Drücken öffnen.
aufracheln heftig hauen, fallen, stoszen.
aufreffeln intrs. ausfasern.
aufregnen auf etwas regnen.
aufreiszen Flachs, in der Landwirtschaft.
aufritschen kurz und heftig hauen.
aufrücken in der Schule, im Platz heraufkommen.
aufruscheln Stroh, raschelnd aufwühlen; Kleider, durch Schütteln wieder in die rechte Lage bringen; durch Unordnung vergeuden und verderben.
aufsabbeln auf etwas säwern.
aufscheren den Aufschlag zu einem Gewebe, die Kette bilden.
aufscheuern eine Diele.
aufschieben drauf-, hinaufschieben.
Aufschlag beim Weben, die Enden der Kette.
aufschlagen draufschlagen; vom Kaufmann, bei Angabe des Preises vorschlagen; von Teig, aufs Backbrett schlagen; von einem Hause, aufbrechen.
Aufschlagetisch Klapptisch.
aufschleifen ein Meszer abschleifen.
aufschlingen aufeszen, verschlingen.
aufschlubbern Kleider, nachläszig vertragen.
aufschludderen Kleider, unordentlich vertragen.
aufschmaddern auf etwas sudeln.
aufschmeiszen Hiebe versetzen; auf etwas Schmutz (Schmeiszfliege) bringen.
aufschmettern kräftig auf etwas schlagen, stoszen, stürzen; durch Gewalt krachend öffnen.
aufschustern jem. eine Sache betrügerisch aufhängen.
Aufschnee Schnee über Eis.
aufsein wach, aber noch zu Bett sein.
aufsetzen od. *aufstellen* die Kaffee- od. Theemaschine, ins Kochen bringen.
aufsitzen ein Geschwür, durch Sitzen öffnen; drauf sitzen.
aufsolkern drauf solkern, sudeln.
aufspillen Geflügel, mit Holzspieszchen, Spillen, an den Beinen vor dem Braten durchstechen.
aufspulen aufeszen.
aufstaken an einem Staken aufhängen od. anspieszen; eine Fläche, neu bestaken.
aufstapeln Holz, zu einer gewissen Höhe und Breite schichten.

aufstecken Getraide, in die Riege zum Dörren legen; einen Damenhut, bestecken, mit Bändern und Federn ausputzen.
aufsteigen drauf steigen.
aufstehen drauf stehen.
aufstellen mit einem, etwas anstellen, anfangen; die Thee- oder Kaffeemaschine, zum Kochen stellen.
aufstoszen intrs. Aufstoszen haben.
aufstoven noch einmal stoven.
aufstreichen das Haar, in die Höhe streichen, hinaufstreichen.
aufstücken an ein Brett oben ein Stück ansetzen.
aufstümen zu einem Haufen zusammenstümen; drauf stöbern.
aufstürzen drauf stürzen.
auftafeln Tuch in der Fabrik, auf die Tafel spannen.
auftakeln aufputzen.
auftapezieren von neuem tapezieren.
auftätscheln drauf tätscheln.
auftrakeln mit Reihfäden aufnähen.
auftocken Wolle, aufzupfen.
auftrampeln schwer drauf treten.
auftränken ein Thier, ohne Muttermilch aufsäugen.
auftrappen trappend drauf treten.
auftreiben von Waaren, steigern; von Häuten, dehnend ausspannen; *intrs.* von der Haut, aufschwellen.
auftrennen intrs. in der Nath auseinandergehen.
Aufwaszer Waszer über dem Eis; fig. A. bekommen durch einen Vortheil Aussicht auf ein gutes Ende und Muth gewinnen.
aufweisen eine Schularbeit, vorweisen.
aufwerfen auf etwas noch drauf werfen.
aufwettern trs. u. *intrs.* heftig aufschlagen.
aufwichsen Hiebe geben.
aufwischen einen Schlag versetzen.
aufzeigen eine Schularbeit, vorzeigen.
aufzimmern ein Haus, bauen; durch Aufbrechen der Wand öffnen.

aus, häufiger, als sonst, auch in Verbindung mit Substantiven vorkommend, steht in Zusammensetzungen 1) = *heraus, hinaus* 2) bei Verben der Bewegung und Hilfszeitwörtern elliptisch (meist ist zu ergänzen: aus der Stadt aufs Land, aus dem Haus, aus dem Bett, auf das geheime Gemach) 3) pleonastisch 4) = im Innern, von innen heraus, nach innen 5) verstärkend = *ab, ver*, häufig mit dem Nebenbegriff des Schlechterwerdens, Verderbens 6) — *aus einander* 7) inchoativ 8) zur Bezeichnung der Vollendung od. Beendigung.

1) *heraus, hinaus*:

ausankern Balken, von dem sie verbindenden Ankereisen lösen.
ausathmen den Athem ausstoszen, wenn etwa der Arzt es fordert.
Ausbau hervorstehender Bau eines Hauses.
ausbekommen Geld, zurückerhalten; eine Aufgabe, glücklich lösen: einen Gegenstand, herauskriegen; in der Wirtschaft, von der Hausfrau zum Gebrauch geliefert bekommen.
ausbitten Geld, vom Kaufmann zurückerbitten.
ausblechen auszahlen.
ausblitzen im Nu hinauseilen.
Ausbot Ausgebot.
ausbrackieren als untauglich ausscheiden.
ausbrechen intrs. von Zähnen.
ausbrennen von Brantwein, durch Brennen gewinnen; eine Scheibe, gewaltsam ausschlagen.
ausbringen von Personen, als Verlobte in den Mund der Leute bringen.
ausbulstern aushülsen.
ausdämmern eine Scheibe, mit Gewalt ausschlagen.
ausdecken Ziegel, von der Niederlage holen und zum Decken verwenden.
ausdestillieren durch Destillation gewinnen.
Ausdrusch Erdrusch.
auseitern herauseitern.
auserhalten herausbekommen, z. B. Geld vom Händler.
ausfahren jählings in derben Worten herausfahren.
Ausfahrt Lustfahrt.
ausfallen beim Bearbeiten sich als Gewinn ergeben.
ausfegen auskehren.
ausfeuern trs. u. *intrs.* heftig ausschlagen.
sich *ausfinden* sich zurecht finden.
Ausfindung Ausfindigmachung.
ausfingerieren mit Fingerarbeit glücklich herausbringen.
ausfisseln, ausfusseln ausfasern.
ausfliejen Fische, schichtweise aus der Tonne nehmen.
ausflieren herausputzen.
ausfliessen von einem Gesichte, aufgedunsen werden.

ausflitzen rasch hinauseilen.
ausfolgen verabfolgen.
Ausfolgung Verabfolgung.
sich ausfragen sich zurecht fragen, nach einer Wohnung, einem Namen.
ausfransen ausfasern.
ausgeben vom Kaufmann, Geld zurückgeben; von Karten, geben; von der Hausfrau, in die Wirtschaft zum Gebrauch geben.
ausgieszen intrs. „die Schale gieszt aus" d. h. die in der Schale enthaltene Flüszigkeit fliesz heraus.
aushaben vom Kaufmann, Geld zurückempfangen haben; in der Wirtschaft, von der Hausfrau zum Gebrauch empfangen haben.
aushauchen den Hauch hervorstoszen.
aushusten frei heraushusten.
auskacheln trs. u. intrs. heftig ausschlagen, von Scheiben; von Pferden, mit den Hufen heftig schlagen.
auskanten Zeug, kantig ausschneiden.
auskeilen, wie *ausknallen, auspauken, ausracheln, auswettern* heftig ausschlagen, von Scheiben, Pferden, Ausschlieszung eines Schülers.
ausklopfen jemanden, durch Klopfen aus dem Haus, dem Bett bringen.
ausklotzen Geld herauszahlen.
ausknacken einen Zahn, knackend ausbrechen.
ausknoten aus Knoten losknüpfen.
auskoljen auszieheu, die Wohnung wechseln.
auskommen von Feuer, ausbrechen; von Personen, in den Mund der Leute als Verlobte kommen; *impers. es kommt aus* es stimmt, hat seine Richtigkeit.
Auskramerei lästiges Ausräumen von Sachen.
auslecken von Fäszern, leckend auslaufen.
auslegen von Kartoffeln, Bohnen, setzen, pflanzen.
auslernen anwendig lernen.
auslöschen ein bereits befrachtetes Schiff wieder entlöschen.
sich auslügen sich durch Lügen heraushelfen.
ausmachen Krebse, aus den Schalen lösen.
ausmaschen Fische, aus den Netzmaschen nehmen.
ausmelken die Milch der Wöchnerin, nach einem Schreck, abnehmen.
ausmustern Soldaten, musternd auswählen.
ausnadeln von Pferden, ausgreifen, losziehen.
auspinkern mühsam mit kleiner Arbeit herausbringen.
ausplantschen plantschend verschütten.

ausplatzen lachend herausplatzen; sich platzend ablösen.
ausprusten dasselbe was *ausplatzen* in seiner ersten Bedeutung.
auspuffen Geld, ausleihen.
ausqualstern Schleim auswerfen.
ausreichen verabfolgen.
Ausreichung Verabfolgung.
Ausreise Reise ins Ausland, nach Deutschland.
ausreisen ins Ausland, nach Deutschland reisen.
ausreiszen Geld, davontragen; Hiebe, beziehen, besehen.
ausrieseln von Getraide, aus den Achren fallen.
aussalzen Fische, im Unterschied von *einsalzen,* im Waszer den überstarken Salzgeschmack nehmen.
sich aussamen durch Ausfallen des Samens sich fortpflanzen.
ausschaufeln Schnee, mit der Schaufel fortschaffen; Wege, mit der Schaufel von Schnee reinigen.
ausschilpern trs. u. intrs. schilpernd übergieszen.
ausschlauben Nüsze u. dergl., aus den Schlauben lösen.
ausschmaddern schmaddernd ausgieszen.
ausschmurgeln schmierig verplantschen.
ausschnickern ausschnitzeln.
ausschustern hinausschustern, listig hinausjagen.
ausschütten nur von trockenen Gegenständen, von flüszigen: *ausgieszen;* die Kasse, kehren.
auspicken durch die Lappen gehen.
Auspiel bei Karten, Anspiel.
auspucken Geld, hergeben; *ausgespuckt* zum Verwechseln ähnlich, „der ausgespuckte Vater" der leibhaftige Vater.
ausstapeln Holz, aus dem Boot nehmen und schichten.
ausstäuben intrs. den Blüthenstaub verlieren.
ausstehen intrs. hervorstehen.
aussteigern durch höheres Gebot jem. aus dessen Stelle bringen.
ausstellen öffentlich am Pranger stehen laszen.
ausstrippen streifend ausziehen, ausstreifen.
ausstückern herausbröckeln.
ausstülpen von Speisen, stürzen.
austrakeln die Reihfäden ausziehen.
austreiben jemanden, von der bisherigen Stelle vertreiben; von Vieh, auf die Weide treiben.
ausverlangen Geld, vom Kaufmann zurückfordern.

auswedeln Fliegen, mit dem Wedel aus einem Raum vertreiben.
auswraken bei der Wrake als schlecht ausscheiden.
auswirken mit einem Werkzeug herausholen, z. B. beim Beschlagen der Pferde das Weiche aus den Hufen.
auswürgen durch Würgen hervorbringen, herauswürgen.
auszahlen c. acc. der Person, bezahlen.
Ausziehbett Bett zum Herausziehen.

2) elliptisch:

ausbegehren zur Verrichtung der Nothdurft aus dem Zimmer begehren; begehren, von Haus zu gehen.
sich ausbitten von Dienstboten od. Pensionären, Kindern, um die Erlaubnis bitten, von Haus gehen zu dürfen.
ausbrauchen auf den Abort, zu Stuhl brauchen.
ausbringen aufs Land bringen.
ausbritschen müszig von Haus laufen.
ausdampfen aus dem Hafen dampfen.
ausdürfen zu Stuhl, von Haus dürfen.
auseisen Schiffe, durch eine künstliche Rinne im Eis ins freie Wasser der Rhede bringen.
Auseisung das Geschäft des Auseisens.
auserkennen jemanden aus einem Besitztum, exmittieren.
auserlauben erlauben, von Haus, zu Stuhl zu gehen.
ausfahren aufs Land fahren.
ausfliddern müszig und unstät von Haus laufen.
Ausfliddersche die beständig von Haus läuft.
ausflitzen eilig od. kurz von Haus laufen.
sich ausfragen um die Erlaubnis fragen, von Haus, zu Stuhl gehn zu dürfen.
ausführen Unrath von Haus schaffen, oft mit acc. des zu reinigenden Ortes; von Waaren, exportieren.
Ausfuhr Nachtarbeit; fortgeschaffter Unrath, Abfuhr; Exportierung.
Ausfuhrwaaren Exportwaaren.
Aus-, Eingang bei Kassen, Ausgabe und Einnahme.
ausgehen die Nothdurft verrichten, nie: von Haus gehen; von Wegen, austreten.
Aushändigung Verabfolgung.
ausheirathen in ein fremdes Gesinde heirathen.
ausholen aufs Land holen.
auskacheln einen Schüler, aus der Anstalt weisen.
auskatern Sachen, aus dem Haus bringen.
Ausklätscher wer aus dem Haus klatscht.

auskommen von Vögeln, auskriechen.
auskönnen von Haus, zu Stuhl können.
ausköstigen auszer Haus in Kost geben.
ausmeszen Schiffsladung, aus dem Schiff nehmen und vermeszen.
ausmiethen auszer Haus einmiethen.
ausmögen zu Stuhl mögen.
ausmüszen zu Stuhl müszen.
ausnehmen Schüler, aus der Anstalt nehmen.
ausrennen von Haus rennen.
sich ausrühren sich von Haus rühren.
ausschicken von Haus, zu Stuhl schicken.
aussein zu Stuhl sein, nie: von Haus sein.
aussollen von Haus sollen.
austragen Zeitungen, Briefe, Bücher, ins Haus, von Haus tragen.
Austräger der ins Haus trägt, von Haus trägt.
ausverbieten verbieten, von Haus zu geben.
ausverlangen zu Stuhl begehren, von Haus verlangen.
sich auswettern an die Luft gehen.
auswollen zu Stuhl, von Haus wollen.
auswünschen zu Stuhl, von Haus wünschen.

3) pleonastisch:

ausmästen mästen.
ausmopsen reizen, ärgern.
Ausmündung Mündung.
ausmustern Zeuge, mit einem Muster versehen.
ausquellen Kartoffeln, quellen.
ausschmieren Leder, Stiefel, schmieren.
sich ausverdingen sich verdingen.
ausverleihen verleihen.
auswindigen Getraide, windigen.

4) im Inneren, von innen heraus, nach innen:

ausbauchen eine bauchige Vertiefung machen.
ausbeulen die verbeulten Stellen von innen entfernen.
Ausbiegung Biegung nach auszen.
ausblechen von innen mit Blech belegen.
ausbohren Obst, auskernen.
ausbrennen von Oefen, inwendig durch Brennen untauglich werden.
ausdecken ein Zimmer, mit Decken belegen; eine Küchenform, mit Teig belegen.
ausdrehen Wäsche, ausringen.
ausdrücken eine Küchenform, mit der Hand an den Wänden mit Teig drückend belegen.
auserzen Metallen hüttenmäszig Erz abgewinnen.

— 61 —

ausfaulen von innen faulig werden.
ausfliesen mit Fliesen, Kalksteinplatten an der Innenseite auslegen.
ausfuttern eine Wand, von innen mit Ziegelsteinen auslegen.
ausglasieren von innen glasieren.
ausgnaben ausnagen.
aushäuten Thiere, im Inneren von häutigen Theilen reinigen.
auskalten von Schlachtvieh mit aufgeschlitztem Bauch, erkalten.
auskatzen einen Balken, nach dem Richtmasz an der Innenseite behauen.
auskehlen Fische, die Eingeweide am Kopfe herausreiszen.
auskehren eine Kasse, stülpen.
ausklammern inwendig mit Klammern versehen.
ausknibbern knibbernd aushöhlen.
auslegen eine Pfanne, an der inneren Seite belegen.
ausliegen durch Liegen platt drücken.
ausmauern ein Gewölbe, einen Tunnel, im Innern durch Mauern festen.
ausnehmen Fische, Geflügel, von den Innentheilen reinigen.
ausrappen von innen mit Mörtel bestreichen.
ausreiben von innen bereiben.
aussabbeln ein Gefäsz, auslecken.
ausschlammen eine Grube, von Schlamm reinigen.
ausschmieren den Kachelofen, inwendig verschmieren.
ausschrapen inwendig auskratzen.
aussitzen einen Stuhl, durch Sitzen bleibend vertiefen.
ausstreichen eine Form, den Ofen, inwendig bestreichen.
ausstreuen eine Form, an den Innenwänden bestreuen.
Auswiekung Biegung von innen nach auszen, im Gegensatz zu *Einwiekung*.

5) = *ab, ver*:

ausädern, ausadern Fleisch, das koscher sein musz, von Adern reinigen.
sich ausbahnen von Wegen, die Bahn verlieren.
ausbrennen trs. u. intrs. Ländereien, abbrennen; von Oefen, durch fortgesetztes Heizen schlecht werden.
sich ausbuttern von Schrauben, durch häufigen Gebrauch sich abschleifen.
ausdämmern verfeuern, prügeln; ebenso *ausfeuern, aushauen, auskacheln, auskeilen, ausknallen, ausracheln, auswettern.*
sich auskabbeln sich abzanken.

auskälten trs. u. intrs. von einem Zimmer, kalt machen od. kalt werden.
auskoddern verkoddern, verlumpen.
ausmatschen einen Weg, matschig, kothig machen.
ausmauern vermauern.
ausmiethen vermiethen.
auspegeln Brantwein, mit dem Pegel vermeszen.
auspflücken Federn, spleiszen.
auspudern abschelten.
ausquackeln in Kleinigkeiten verthun.
ausquästen mit Ruthen züchtigen.
ausrackern wüst verwühlen.
ausruffeln verzausen, ausschelten.
ausruscheln verwühlen.
ausscheinen den Schein, die Farbe verlieren.
ausschlagen Zimmerwände, mit Kalk bewerfen; Flachs, ausklopfen.
ausschleiszen intrs. abnutzen.
ausschmieren durchprügeln; verschmieren, den Ofen mit Lehm.
ausschneiden Thiere, verschneiden, wallachen.
aussehnen Fleisch, von Sehnen befreien.
ausstoven durch Stoven saftlos werden.
ausstubben ein Land, von Stubben befreien.
Austiefung Tiefermachung.
austreten den Fusz, durch Treten verrenken.
austrumpfen abtrumpfen.
auswachsen krüppelhaft verwachsen.
auswerfen einen Ertrag, abwerfen.
auswintern durch den Winter zu Grunde gehen.
auswischen einem eins versetzen.

6) = *auseinander*:

ausblättern Kohl, in den Blättern auseinanderbrechen.
ausreffeln zerfasern.
ausrollen Teig, reckend auseinander rollen.
austreiben schwer zu bearbeitenden Teig, ausbreiten.
austrennen ein Kleid, auseinander trennen.
auswärts adj. „auswärtse Füsse", sogar comparirt „er geht auswärtser, als ich".
auswuchern von Pflanzen, sich wuchernd ausbreiten.

7) inchoativ:

ausgrünen von Getraidegras, grün werden.
Aushieb erster Hieb, Anhieb.
auskrimen anfangen zu keimen.

8) Vollendung, Ende:

ausarbeiten Bauholz, bearbeiten.
sich ausbalgen sich fertig balgen.
ausballern aufhören zu ballern.
ausbasen mit Basen fertig sein.
ausbasteln mit Basteln, kleiner saumseliger Arbeit fertig sein.
ausbauen eine Bauerstelle, mit den nöthigen Gebäuden versehen.
sich ausbengeln aufhören sich zu bengeln.
ausbleiben bis zu Ende im Dienste bleiben, „ich bleibe noch mein Jahr aus";
ausbohnen Dielen, bohnen.
ausbosen nicht mehr böse sein.
sich ausbrasseln mit Brasseln, Prügeln zu Ende sein.
ausbrauchen abnutzen.
sich ausbrechen mit Erbrechen fertig sein; sich tüchtig erbrechen.
ausbrennen von Thonwaaren, gut brennen; von Pflanzen, durch die Sonne verbrennen.
ausdampfen intrs. aufhören zu dampfen.
ausdäsen aufhören gedankenlos zu sein, zu schlummern.
ausdestilliren destillieren.
Ausdienung Beendigung der Dienstjahre.
ausdisputieren fertig disputieren.
ausdonnern gehörig ausschelten.
ausdudeln mit Dudeln aufhören.
ausdunsten verdunsten.
ausdursten verdursten.
ausduseln ausschlummern.
sich aussessen durch Essen sich erholen.
ausfaksen aufhören mit Faksen.
ausferkeln nicht mehr sudeln.
Ausfertigung Ausstellung von behördlichen Schriftstücken.
ausflächen flächen.
ausfliesen mit Fliesen belegen.
ausfluren mit Steinplatten belegen.
ausfranjen franjen.
ausfrieren von Pflanzen, bis auf die Wurzel erfrieren, im Gegensatz zu *abfrieren* an den Enden erfrieren; von Wäsche, durch Frost trocken werden; von geistigen Getränken, durch Frost die Wassertheile verlieren; *trs.* durch Frost vertreiben.
ausfurchen furchen.
ausfüttern durch Füttern kräftig und ansehnlich machen.
ausgähnen fertig gähnen; durch Gähnen verrenken.
ausgangs adv. zu Ende.
ausgären fertig gären.
ausgedreht von der Hüfte, wie ausgerenkt.
ausgewittern aufhören zu gewittern.

ausgrassieren mit Herumtollen aufhören.
ausgrinsen aufhören zu grinsen.
ausgrölen mit Grölen zu Ende sein.
aushacken von Fleisch, hacken; von Sträuchern, von der Wurzel aus abhacken.
aushandeln fertig sein mit Handeln.
Ausholzung vollständige Abholzung.
aushusten fertig sein mit Husten.
aushüten bis ans Ende hüten, bis zu vollständiger Genesung.
ausjölen aufhören zu jölen.
auskacheln einen Ofen, mit Kacheln versehen.
auskanten ringsum kanten.
ausklönen mit Jammern zu Ende sein.
ausknören mit Knurren fertig sein.
auskohlen von Holz, beim Brennen Kohle zurücklassen.
auslabbern aufhören leicht zu regnen.
Auslassung von Schülern, Entlassung; von Papiergeld, Emission.
ausliegen eine Krankheit, bis zu voller Genesung.
sich auslügen mit Lügen fertig sein.
ausmuffeln aufhören kauend zu essen.
ausnähren gut nähren.
ausnehmen eine Arzenei, zu Ende nehmen.
ausnieten vernieten.
sich ausnörgeln mit Nörgeln zu Ende sein.
auspaffen zu Ende rauchen.
auspflegen bis zu Ende, bis zu völliger Genesung pflegen.
auspladdern aufhören zu regnen.
ausplantschen fertig sein mit Plantschen, mit starkem Regen.
ausplärren aufhören zu plärren.
sich auspochen mit Pochen fertig sein.
ausproben probend austrinken.
ausprusten sich verschnaufen.
auspuffen verleihen, fenerari.
ausqualstern fertig sein mit Geifern.
sich ausquasen zu Ende sein mit inhaltslosem, breitem Gewäsch.
ausquätschen dasselbe was *ausquasen,* nur verstärkt.
sich ausräkeln sich nach Lust dehnend strecken.
ausratzen ausschlafen.
ausreinigen vollständig reinigen, z. B. Ländereien.
ausrichten ein Mahl, für Zubereitung und Anordnung sorgen.
Ausrichter der alles für ein Mahl Nöthige besorgt und zubereitet, verschieden von *Anrichter,* der, aus dem Kreisze der Gäste genommen, dabei die Aufsicht führt.

ausröden Buschland, in Rödeland verwandeln.
ausrühren im Küchendienst, abrühren.
ausschleifen intrs. durch Schleifen schmal und dünn werden.
sich ausschmecken so lange schmecken, bis man den Geschmack verloren hat.
ausschmerzen aufhören zu schmerzen.
ausschmoren mit Schmoren fertig sein.
ausschulen Kinder, in allem Nöthigen schulen.
ausschwelen schwelend zu Ende brennen.
aussetzen trs. u. intrs. einen Bauer exmittieren; in Sätzen sich davonmachen.
ausspaken austrocknen, durch Trockenheit rissig werden.
ausspeisen Speisen bereiten und austheilen.
Ausspeisung Besorgung und Austheilung der Speisen.
aussteinen ein Land, von Steinen vollständig befreien.
ausstoven durch Stoven schmackhaft werden.
austhränen aufhören zu thränen.
austocken Wolle, auszupfen.
sich austollen sich mit Lust dem Tollen bis zur Müdigkeit hingeben; mit Tollen fertig sein.
sich austrumpfen solange trumpfen, bis man keine Trumpfkarte mehr hat.
auswähren bis ans Ende dauern.
auswärmen gehörig durchwärmen.
auswarten einen Kranken, bis zu voller Genesung pflegen.
auswehen vollständig trocken wehen.
auswettern durch die Luft vollständig trocken und frisch machen.
auswohnen seine Zeit bis zu Ablauf des Miethcontrakts zu Ende wohnen.
ausziehen von Thee, solange ziehen, bis der Wohlgeschmack verloren ist.
auszinken ringsum mit Zinken versehen.

be steht 1) factitiv *(beankern)* 2) = *an*, die Richtung bezeichnend, bes. von allen Seiten *(bebellen)* 3) in abschätzigem Sinn *(sich beklunkern)*:

beernten Felder, abernten.
beästet mit Aesten versehen.
beaasen besudeln.
bebände(r)n Fäszer, mit Reifen beschlagen.
beblechen mit Blech beschlagen; bezahlen.
bebollwerken durch Anlegung eines Bollwerks schützen.
beborden mit einer Borde besetzen.
bebrämen ein Kleid, mit einem Kothrand beschmutzen.
bebraten bratend in der Pfanne leicht rösten.
bebrennen mit dem eingebrannten Stempel bezeichnen.
bebrettern mit Brettern verschlagen.
bebuscht mit Buschwerk bedeckt.
bebuttern mit Butter bestreichen.
bedingen von Kaufwaaren, einen Preis erhalten (*impf.* bedang, 2. *part.* bedungen).
sich bedränen sich benebeln.
bedreschen ausdreschen.
bedrippen beträufeln, *nd. druppen.*
bedrücken drückend von allen Seiten befühlen.
sich bedudeln, beduseln sich ansäuseln.
beeggen mit der Egge bearbeiten.
beeisen mit Eisen beschlagen; mit Eis überziehen.
befassen von allen Seiten anfassen.
befingern mit den Fingern betasten.
beflachst mit Flachs überzogen.
beflicken trs. mit Flick- und Näharbeit besorgen.
befliesen mit Kalkfliesen belegen.
beflöszen mit Flöszen befahren.
befrackt mit einem Frack bekleidet.
befranjen mit Franjen besetzen.
befriedet von Sachen, die eines besonderen Schutzes genieszen.
befrieren an der Auszenseite ringsum durch Frost leiden.
beführen einen Acker, Weg, mit angeführtem Material überdecken.
befuksen listig betrügen, *nd. fukeln,* mit Anklang an Fuchs.
befussern mit Zeugfasern verunreinigen
begangen von Wegen, betreten.
begeben Geld, gegen Sicherheit ausleihen.
begehen von Vieh, die Weide besuchen.
begipsen mit Gips überziehen.
beglasen ein Haus, mit Scheiben versehen.
begleisen mit Gleisen versehen.
Begleitschein von Waaren, Geleitschein.
beglupen mit Glupaugen ansehen.
begnaben benagen.
begrenzen nach Grenzen abstecken.
begriesen begrinsen.
begroszvatern, begroszmuttern den Groszvater, die Groszmutter für jemanden abgeben.
Behandlung ärztliche, die Art des Heilverfahrens.

behandschuht mit Handschuhen bekleidet.
beheizen mit Heizung versorgen; *Beheizung*.
behelligen beschweren, äld. *hellig* müde.
Beherbergung Unterbringung in einer Wohnung.
behofmeistern den Hofmeister gegen jemanden abgeben.
behumszen betrügen.
bekankern mit Lumpen, Flitterstaat behängen.
bekanten einen Balken, kantig behauen.
bekappen an den Zweigenden kappen.
bekatern überladen, besonders mit Putz.
beklemmen in Kleinigkeiten bestehlen.
beklönen bejammern.
beklotzen bezahlen.
beklunkern mit allerhand Gehänge beladen.
bekneten von allen Seiten knetend betasten.
beknibbern benagen.
sich beknillen sich stark betrinken.
beknippern kratzend od. beiszend in kleinen Stücken an der Oberfläche oder den Enden abbrechen; in jugendlichen Anfängen die Cour schneiden.
beknören beknurren.
bekoddern besudeln.
bekramen mit allerhand Kram beladen.
bekrausen mit Krausen versehen.
bekrölen laut beschreien.
belappen listig hintergehen.
belaszen in einem Amte, lassen.
Belaszung. In der Behördensprache häufig „mit Belaszung im Dienst".
belätschen mit Schuhwerk versehen.
belaufen überlaufen; als 2. *part*. von der Kuh, die vom Bullen besprungen ist.
belemmern belästigen, beschweren, hindern, mit Kram überladen, in Verlegenheit bringen.
belobigen loben; *Belobigung* Lob.
beluksen bestehlen, nd. *luken* zupfen.
bemähen abmähen.
benachtheilen benachtheiligen.
benähen mit Näharbeit versorgen.
benehmen vom Kopf, einnehmen, betäuben.
beniesen durch Niesen beschmutzen od. Glück bringen.
benitteln in verdrieszlichem Ton kleinlich bekritteln.
benölen in schleppendem Ton bekritteln.
benommen betäubt, duselig, bes. durch Dunst.
benörgeln bekritteln.
benöthigen c. acc. nöthig haben, bedürfen.

bepergeln mit .Pergel beschlagen.
bepflustern pflastern.
bepflücken an den Enden abpflücken.
beplanken mit Planken versehen.
beplantschen durch Ausgieszen beschmutzen.
beprüfen, Beprüfung prüfen, Prüfung.
bepusten beblasen.
beputzen eine Wand, mit Kalk bewerfen.
bequalstern mit Geifer besudeln.
bequasen mit Eszen oder Trinken beschmutzen.
bequätschen quatschig, in breitspuriger Rede besprechen.
bequetschen von allen Seiten quetschen.
berupsen bestehlen.
bereiben an der Oberfläche abreiben.
bereinigen beim Zoll, klarieren; von Straszen etc., reinigen.
berohren eine Wand, mit Rohr beschlagen.
berösten einen Braten, an der Oberfläche durch Braten rösch machen.
berufen durch strafenden Zuruf tadeln.
besabbeln besäwern, belecken, besudeln.
besanden mit Sand überziehen.
beschalen mit Schalbrettern beschlagen.
beschicken jem. mit Geschenken, überhäufen.
beschirren anschirren.
beschlabbern durch Reden zu einer schlimmen Wendung bringen, ein böses Omen geben; mit Geifer besudeln.
beschlackern belecken, mit Straszenschmutz besudeln.
beschlagen intrs. von Fenstern, sich mit Feuchtigkeit überziehen.
beschlampen die Kleider, durch Hängenlassen besudeln.
beschlampen den Magen, durch Schlemmen, Schlampampen überladen.
beschleckern mit dem Mund besudeln.
beschleifen mit Schleifen versehen; ringsum abschleifen.
beschleimen mit Schleim sich überziehen.
sich beschleppen sich mit etwas befassen.
beschmaddern mit dicker Flüszigkeit besudeln.
beschmecken von allen Seiten an etwas herumschmecken.
beschmeiszen von Fliegen u. fig., Eier auf etwas legen, beschmutzen.
beschmoren an der Oberfläche schmoren.
beschmuddeln besudeln.
beschmurgeln beschmieren.
beschneet beschneit.
beschnickern von allen Seiten an etwas herumschnitzeln; stark die Cour schneiden.

beschnoddern widerlich mit Rotz beschmutzen.
beschubben listig betrügen.
beschummeln betrügen.
beschupsen betrügen.
beschwären ringsum schwären.
beschwiemeln trs. schwindelig machen.
beschwiemen ohnmächtig, betäubt werden.
beschworken intrs. mit Wolken sich überziehen; 2. part. beschworken mit Wolken überzogen (kurländisch).
besiedeln bevölkern.
besielen mit Sielen anschirren.
besitzlich Grund und Boden besitzend.
Besitzlichkeit Immobil.
besolken, besolkern beschmutzen.
besparren ein Dach, mit Sparren versehen.
bespeisen mit Speise versorgen.
bespillen begiessen.
bestaken mit Staketen versehen.
bestanden von im Halme stehenden Feldern, bebaut.
bestangen mit Stangen versehen.
bestapeln einen Raum, durch Stapeln einnehmen.
bestauen durch Stauen bewässern.
bestehen c. acc. veranlassen, wozu bestimmen; „was besteht ihn?" was veranlasst ihn?
bestellen das Zimmer od. sonst einen Raum, mit etwas besetzen.

besticken mit Sticken benähen.
bestimmt adv. sicherlich.
bestossen von allen Seiten stossen; fig. durch verletzende Rede vor den Kopf stossen.
bestricken mit Strickarbeit versorgen, jemandem die Strümpfe liefern.
besuchen im Zollwesen, besichtigen. Besucher Visitant, Zollwächter.
besuddeln besudeln.
betakeln mit Kleinem, mit Putz ausstatten.
betanzen tanzend bespringen.
betatzen mit den Tatzen, Händen betasten.
betrappeln durch Trappeln verderben, beschmutzen.
bewachsen intrs. sich mit einem Nagelgeschwür überziehen.
bewaschen mit Wäsche versorgen.
bewedeln wedelnd Luft zuführen, Fliegen vertreiben.
bewelken an den Enden welken.
Bezäunung Einfriedigung mit Zäunen.
beziehen intrs. u. refl. vom Himmel, sich mit Wolken überziehen; auch impers. es bezieht es wird wolkig.
Bezug die untere Polsterbedeckung bei Möbeln, unterschieden von Ueberzug die obere Bedeckung.
bezupfen an etwas herumzupfen.

bei hat häufig die Bedeutung von *dazu, heran*:

beidürfen dazu dürfen.
beigeben dazu fügen.
beigehen an etwas herzugehen.
beigepfarrt zu einem Kirchspiel geschlagen, nicht *eingepfarrt*.
beikommen an etwas herankommen, heranreichen.
beikönnen an etwas können.
beilassen an etwas lassen.
beilegen von Personen, zutheilen. Beilegung eines Streits, Ausgleich.
beimögen an etwas mögen.
beimüssen an etwas müssen.

Beirath juristischer Assistent.
beisammenkommen zusammenkommen.
beisein dabei sein.
beisetzen eine Leiche, bis zur Beerdigungsfeier irgendwo absetzen. Beisetzung Absetzung einer Leiche bis zur Beerdigung.
beisollen an etwas sollen.
Beistand Zustimmung, unterstützender Rath eines vom Gericht bestellten Curators.
beiwollen an etwas heranwollen.

Bemerkenswerth sind die Redensarten *ich bin bei mir* = zu Hause, „wirst du bei dir sein?" zu Hause sein; *bei* jemandem in die Schule gehen, „bei wem geht er?" „Er geht bei L. in die Schule, aber von Neujahr ab wird er wohl nicht mehr bei ihm gehen, sondern ins Gymnasium abgegeben werden".

durch steht in Zusammensetzungen räumlich, zeitlich = *hindurch, quer durch*, oder = *durch und durch* d. h. vollständig, oder drückt das Verderben, Vergeuden aus:

durchaasen durch wüstes Wesen durchlöchern, wüst vergeuden.
durchänken durchächzen.

durchballern mit den Fäusten durchschlagen.
durchbäsen eine Nacht, durchschwärmen.

dúrchbrennen durchschlagen, durchstürzen, durchprügeln.
dúrchdämmern dasselbe was das vor.
dúrchdröhnern dröhnend durchschlagen, durchprügeln.
dúrcheisen durchs Eis bringen.
durchfángen durchschneiden, coupieren.
dúrchfatten Pelzwerk, auf dem Block bearbeiten.
dúrchfeuern durchschlagen, durchprügeln.
dúrchflitzen durcheilen, rasch durchstürzen.
dúrchfluchten in gerader Richtung eine Baulinie ziehen.
Dúrchfracht Frachtbeförderung über eine Zollgrenze weg nach einem entfernteren Zollgebiet.
durchfúscheln durchwühlen.
dúrchglitschen durchschlüpfen.
durchgríueln vor Kälte, Schreck durchschaudern.
dúrchhitzen wieder heiss machen.
dúrchholzen durchprügeln.
dúrchkacheln durchstürzen, mit Glanz bei einem Examen durchfallen; *trs.* gewaltsam durchschlagen, durchprügeln.
dúrchkegeln bei einer Prüfung, Wahl durchfallen.
dúrchkeilen durchprügeln, durchfallen.
Dúrchknall das Durchfallen bei einer Prüfung, Wahl.
dúrchknallen bei einer Prüfung, Wahl durchfallen; *trs.* mit Gewalt durchschlagen, durchprügeln.
durchkrámen um und um kramen.
sich dúrchkröpeln sich mühsam durchbeissen.
dúrchkrücken Meische, mit der Krücke bearbeiten.
dúrchkullern durchrollen.
dúrchlecken von Feuchtigkeiten, durchsickern; *durchlécken* ein Loch durch etwas lecken.
dúrchledern durchprügeln.
dúrchmodern durchfaulen.
sich dúrchnutzen sich abnutzen.

dúrchpantschen durchregnen.
dúrchpatschen durch Koth patschen; durchs Examen fallen.
dúrchpauken durchprügeln; gewaltsam durchschlagen.
dúrchpladdern stark durchregnen.
dúrchplatzen querüber platzen.
dúrchplumpsen durchfallen.
sich dúrchpremsen sich durchquetschen.
durchpúscheln verwühlen.
durchqudsen seine Zeit mit leerem Gewäsch verbringen.
durchquatschen dasselbe was das vor., nur verstärkt.
dúrchquellen quellend durchdringen.
dúrchrachen mit Gewalt durchschlagen.
durchrátzen durchschlafen.
dúrchratzen durchprügeln.
dúrchreden gründlich und wiederholt besprechen.
dúrchreffeln ausschelten.
durchrúscheln verwühlen.
dúrchschiessen einsinken im Schnee oder Morast.
dúrchschilpern eine Flüssigkeit durchschütteln.
sich dúrchschlampen mit alten, schlampigen Kleidern sich eine Zeit über behelfen; *durchschlámpen* mit hängenden Kleidern einen kothigen Weg durchschleifen.
dúrchschmettern *trs. u. intrs.* heftig durchschlagen.
durchschmoren abschmoren; die Nacht durchkneipen.
dúrchschmuggeln durch den Zoll listig einschwärzen; *refl.* sich mit List durchbringen.
dúrchschustern glücklich durchbringen.
dúrchschwitzen abdämpfen.
durchschwúchten durchschwärmen.
dúrchspicken durch die Lappen gehen, ausreissen.
dúrchstoven Fleisch, gründlich stoven.
dúrchwettern durchschlagen, durchstürzen, durchprügeln.
dúrchwraken gründlich wraken.

Viele der angeführten Verba werden anders betont, nämlich auf der Vorsilbe, wenn sie absolut stehen, und nehmen dann, wie sie bei der Flexion getrennt werden können, so auch im 2. *part.* *ge* = *an*; z. B. *durchschwúchten* „er hat die Nacht durchschwuchtet"; aber absolut *dúrchschwuchten* „er hat am Sonnabend durchgeschwuchtet".

ein steht 1) inchoativisch *(eingrünen)* 2) factitiv *(einbahnen)* 3) eine Gewöhnung bezeichnend *(sich einlügen)* 4) = *hinein (einhäkeln)* 5) elliptisch *(eineisen)* 6) = im Inneren *(einbefestigen)* 7)

= ver *(eintauben)* 8) pleonastisch *(einstärkeln)* 9) = herein *(einregnen)* 10) im Verkehr mit Behörden *(einvernehmen)*:

einaasen einsudeln, schmierig werden.
einängstigen in Angst versetzen.
einarbeiten ein Feld, arbeitend bestellen; ein Muster, hineinsticken.
einbaden sich etwas einrühren, einbrocken; „was einer eingebadet hat, kann er auch ausbaden".
einbahnen einen Winterweg, durch Fahren wegsam machen.
einballern einschmeissen, einschlagen.
einballieren emballieren.
einballotieren durch Ballotement in einen Verein aufnehmen.
Einbau zurückstehender Bau einer Hausseite.
einbegehren von Behörden, einfordern.
einbehändigen einbändigen.
einbekommen hineinbekommen; Geld erhalten.
einberichten an eine Behörde, berichten.
einbeulen Metallgeschirre, durch „Beulen" d. h. Vertiefungen, Tellen verunstalten; auch eingedrückte Aepfel heiszen *eingebeult*.
einbeuteln Geld, einsacken.
einbiegen ein Blatt, falten; ein Glied, nach innen biegen.
einblasen ins Zimmer blasen.
einbrauen einem etwas, einrühren.
einbräunen durch die Sonne braun werden.
einbrennen dasselbe was *einbräunen*; einschlagen, einstürzen.
einbringlich einträglich.
einbrodieren stickend einnähen.
sich einbuchten eine nach innen gewundene Krümmung machen.
einbugsieren ein Schiff, in den Hafen schleppen.
einbummeln einnippen, bes. als Insasze eines Wagens, wenn über dem Rütteln der Kopf hin- und herbaumelt.
eindämmern heftig einschlagen.
eindampfen einrauchen, mit Dampf erfüllen; in den Hafen dampfen.
eindäsen leicht einschlummern.
eindecken Dächer, decken.
eindrecken trs. u. intrs. schmutzen.
eindreschen Getraide, dreschen und einbringen; heftig auf jemanden losschlagen.
eindressieren dressieren.
eindröhnern dröhnend einschlagen.
einducken einschlummern.
eineisen ein Schiff, durch eine künstliche Rinne durchs Eis in den Hafen bringen.

einerkennen jemanden in ein Besitztum, immittieren; der *Einerkannte* = Immissar.
einfaulen faulig werden.
sich einfeicheln sich einschmeicheln.
einferkeln trs. u. intrs. einschmutzen.
einbefestigen in etwas befestigen.
einfeuern gewaltsam einschlagen, einstürzen; jemanden zum Examen vorbereiten.
einfilzen mehr und mehr filzig werden.
einflecken trs. u. intrs. von Zeug, Flecken machen, bekommen.
sich einflennen ins Flennen kommen.
einfliejen schichtweise einlegen.
einfluren fluren, mit Steinen auslegen.
einfragen etwas, einfordern.
sich einfreien in ein Gesinde, eine Familie hinein heirathen.
einfrieren fig. in einer Gesellschaft stumm und theilnahmlos werden.
eingallern in Gallertform bringen.
eingeben eine Vorstellung bei einer Behörde, einreichen.
eingrasen von Getraide, in Halme schieszen.
eingrenzen Feuer od. Personen, auf einen gewissen Bezirk beschränken.
sich eingrienen ins Grienen hineingerathen.
sich eingrölen so ins Grölen kommen, dasz man nicht aufhören kann.
eingrundieren mit Oelfarbe den ersten Strich geben.
eingrünen grüne Halme bekommen.
einhaben Geld, einbekommen haben.
einheben Steuern, erheben; *Einhebung*.
einhageln hereinhageln.
einhäkeln ein Muster, häkelnd einarbeiten.
einhalten trs. einen Kranken, im Zimmer halten; refl. als Kranker das Zimmer hüten.
einharken mit der Harke, dem Rechen unter die Oberfläche bringen.
einhaschen haschend fangen.
einjagen hineinjagen, Vieh in den Stall, Tauben in den Schlag.
einkacheln mit Gewalt einschlagen, einstürzen.
einkatern trs., intrs., refl. von dem lästigen Hinüberschaffen der Hausgeräthe in eine neue Wohnung, an einen neuen Platz.
einkegeln einstürzen.
einkeilen trs. u. intrs. einschlagen, einstürzen.
einkellern zur Ueberwinterung in den

Keller bringen, von Wein und Gemüse.
einkiksen Eier, durch Kiksen verstoszen; in den Knien einknicken.
einklatschen klatschend in etwas werfen.
einknallen trs. u. intrs. einschlagen; stark einheizen; einsperren.
einknoten verknoten, sich in Knoten schlingen; in ein mit Knoten zugebundenes Tuch legen.
einknutschen einquetschen.
einkoddern kodderig, lumpig, schmutzig werden.
einkohlen eine Sache, durch Dummheit verwirren; durch Ungeschicklichkeit sich etwas wirres einbrocken.
einköpfig von Binden, die nur aus einem Streifen bestehen.
sich einkowern sich einrichten, einnisten.
einkramen trs. u. intrs. dasselbe was *einkutern*.
einkulen in eine Grube legen.
einkuschen ein Kind, kusch machen, beruhigen.
einkutschen jemanden, auf etwas einpauken.
sich einlabbern ins Trödeln, in ein saumseliges Wesen hineingerathen.
einladen unmäszig Speisen in sich hineinstopfen.
einlatschen Schuhe, durch Tragen bequem, übermäszig weit machen.
sich einleben mit dem Leben einer Stadt od. Provinz vertraut werden. Jeder neu Angesiedelte wird nach einiger Zeit unfehlbar gefragt: „Nun, haben Sie sich schon eingelebt?" Auch nd.
sich einlecken sich in unangenehmer Weise einschmeicheln.
einlegen von Flüszigkeiten, einschöpfen.
einlernen ausbilden, *eingelernt* ausgebildet, „eine eingelernte d. i. gelernte Nätherin".
einlöffeln löffelweise eingeben; fig. allmählich in kleinen Abschnitten mühsam beibringen.
sich einludern in ein Luderleben hineingerathen.
sich einlügen durch fortgesetztes Lügen ganz verlogen werden.
einmachen hineinmachen.
einmärken Buchstaben in Wäsche, nähen oder schreiben.
einmiethen eine Wohnung für jemanden miethen und bezahlen.
einnähen Namen in Wäsche, nähen; durch Nähen kürzer machen od. aufbrauchen.
Einnath schmaler Zeugstreifen mit eingenähter Schnur zwischen dem Ober- und Unterzeug von Frauenkleidern.

einnicken einschlummern.
einnotieren notieren.
einnuthen ein Holz in ein anderes mittels einer Nuth einlaszen.
einpacken tüchtig eszen; refl. sich warm anziehen; unverrichteter Sache abziehen.
einpantschen trs. u. intrs. Wäsche, in Waszer legen; in Straszenkoth hineintreten.
einpatschen in Schmutz treten; fig. in etwas hineingerathen; von Flüszigkeiten, Regen, massenhaft einströmen.
einpegeln Brantwein, mit dem Pegel einmeszen.
einpelzen in Pelze hüllen.
einpflügen mit dem Pflug unter die Erde bringen.
einpicken einschmutzen.
einpiken mit einer Spitze in etwas eindringen.
einpladdern stark hereinregnen.
einplätten durch Bügeln hineinbringen.
einplumpsen mit einem Plumps hineinfallen.
einprobieren durch Proben einüben.
einpuffen einheizen.
einpurren einbohren.
einpuscheln wühlend hineinbringen, z. B. Sachen in einen Koffer.
einquusen eszend oder trinkend hineinstopfen.
einquesten hineinzwängen.
einquellen von Fenstern, Thüren, verquellen.
einquetschen schuldiges Geld, eintreiben.
einrackern durch derbes, wüstes Wesen einschlagen.
einratzen einschlafen.
einreden trs. bereden.
einregistrieren registrieren, in ein Register eintragen.
einreisen ins Inland über die Grenze kommen.
einsargen eine Leiche, in den Sarg legen; auch nd.
einsauern von Menschen, versauern.
einsäuern sauer machen oder werden.
einschanzen listig hineinschaffen.
einscheuern durch öfteres Scheuern eine Vertiefung oder ein Loch, in der Diele oder in einem Kleide, hervorbringen.
einschieszen in einem Morast, einsinken.
einschlabbern einschlürfen.
sich einschlafen ins Schlafen hineinkommen.
einschlagen Tonnen, bestempeln.
einschlampen ein langes Kleid, versudeln; übermäszig weit machen.
einschleichen einschmuggeln.

einschlengen die Bindebänder eines Frauenhuts, einfach verschlingen, nicht zusammenknoten.
einschlubbern dasselbe was *einschlabbern*.
einschluddern Kleider, durch Tragen schlotterig machen.
einschmuddeln einschmutzen.
einschmurgeln einschmieren.
einschneien hereinschneien.
einschnickern einschnitzen.
einschnoddern mit Rotz besudeln.
einschrubben durch Schrubben eine Vertiefung hervorbringen.
einschustern listig hineinbringen.
sich einschwabbeln ins Schwatzen gerathen.
einschwelen schwelend einbrennen.
einsolkern einschmutzen.
einsparen durch Sparen eine anderweitig verausgabte Summe wieder einbringen. So auch in dem bairischen Landtagsabschied vom Juli 1876.
einspinnen einen Stoff in einen anderen, z. B. Seide in Wolle, spinnen.
einstämmen einmeiszeln.
Einstämmschlosz das Schlosz, welches in den ausgemeiszelten Falz der Thüre eingelaszen wird.
einstärkeln Wäsche, durch Stärkeln steif machen.
einstauben verstauben.
einstechen hineinstechen, sich in den Finger stechen.
einstellen Rekruten, ins Heer einreihen; Teig, zum Aufgehen hinstellen.
einsteppen in Steppnäthe bringen; durch Steppen aufbrauchen.
einsteuern besteuern.
einsticken ein Muster, hineinsticken.
einstimmen ein Instrument, stimmen.
einstipsen eintunken, *einstippen*; auch nd.
einstochern hineinstochern.
einstocken stockfleckig werden.
einstopfen einen Flick, mit grober Nadel einnähen.
Einstreu für Mastvieh, Streu.
einstümen hereinstöbern, stöbernd hereinschneien.
einsuddeln einschmutzen.
eintragen Kleider, durch Tragen bequemer machen.
eintrakeln einreihen, mit Reihfäden einnähen.
eintränken Wäsche, zum Einweichen in Waszer legen.
einverlangen von Behörden, einfordern.
einvernehmen Zeugen vor Gericht, vernehmen.
einverzeichnen verzeichnen.
sich einwaschen durch Waschen weicher werden; von Flecken, durch Waschen vergehen.
einwaten hineinwaten.
einweisen einen Besitz, nicht den Besitzer, jemandem anweisen.
einweiszen eine Wohnung, mit dem ersten Strich weiszen.
einwettern gewaltsam einschlagen.
einwieken einbiegen, einbuchten.
einwohnen eine Wohnung durch Gebrauch bequem und trocken machen.
einwuchern von Pflanzen, sich wuchernd festsetzen.
einzählen zählend in einen Behälter thun, z B. Eier in einen Korb.
einzeichnen Actien, zeichnen; Wäsche, märken.
einzeugen durch gerichtliches Zeugnis zur Feststellung einer Thatsache beibringen.

Besonders häufig ist bei den Zusammensetzungen mit *ein* zu ergänzen „in die Stadt". So werden gebraucht:

einbegehren, einbestellen, einbleiben, einbringen, eindürfen, einerlauben, einfahren trs. u. intrs., einflüchten, eingestatten, einjagen, einkommen, einkönnen, einlaufen, einmögen, einmüszen, einreiten, einrennen, einschicken, sich einschleichen, sich einschmuggeln, einsein, einsollen, einspicken, einwollen, einwünschen, einziehen. Die Vorsilbe trennt sich bei der Flexion von der Stammsilbe: „Ist er schon ein?" „Wir kommen eben ein."

ver bedeutet in Zusammensetzungen 1) eine Verstärkung *(verfeuern)* 2) den Verbrauch *(verheizen)* 3) das Zuviel oder Zulange *(veranken)* 4) eine Beschädigung oder Verfehlung *(verbeulen, verstärkeln)* 5) das In- und Durcheinander *(verpuscheln)* 6) die Vergeudung *(verquasen)* 7) die allseitige Umhüllung *(verstümen)* 8) die Verwandelung *(verdäsen)* 9) die Ueberziehung der Oberfläche *(vereisen)* oder 10) die factitive Wirkung:

veraasen nichtswürdig verderben und durchbringen.
verachen die Zeit, mit Ach und Weh verbringen.
veranken die Nächte, durchächzen.
verankern mit Ankereisen verbinden.
verbabbeln verplaudern.
verballern dröhnend zerschlagen, verhauen, werfen.
verbammeln durch bammeliges Wesen durchbringen.
verbasen die Zeit, mit dämeligem Wesen verbringen; *intrs.* ins Dämeln hineinkommen, dämelig werden.
verbeizen durch zu starkes Beizen verderben.
verbeulen Metallgeschirre, beulig einschlagen.
verbleuen verprügeln.
verblubbern verplaudern.
verbrämen ein Kleid, mit einem Kothrand beschmutzen.
verbrasseln verprügeln.
verbruddeln verkochen; verschmutzen; *refl.* sich stammelnd versprechen.
verbubbeln *intrs.* u. *refl.* mit Bubbeln d. i. kleinen Hautanschwellungen ganz überdeckt sein; durch zu starkes Kochen sich aufzehren; durch Stottern sich versprechen.
verbuddeln verkochen; durch Unordnung verderben.
verbuksen durch Stösze verletzen.
verbumfeien durch Unbedachtsamkeit verderben.
verdämeln dämelig werden; aus Dämeligkeit vergeszen.
verdämmern heftig auf jem. od. etwas losschlagen.
verdäsen däsig werden; aus Däsigkeit vergeszen.
verdezen den Hinteren verhauen.
verdonnern heftig losschlagen, ausschimpfen; verurtheilen.
verdröhnern dumpf dröhnend zerhauen.
verdranen dranig werden.
verdreschen durch Ausdrusch gewinnen; verprügeln.
verduddeln in Kleinigkeiten vergeuden od. verderben.
verduseln dusig werden; aus Dusigkeit vergeszen.
sich verdustern düster werden.
vereggen mit der Egge verarbeiten.
vereisen sich mit Eis überziehen.
vereitern in Eiter übergehen; durch Eitern ausscheiden.
verfaksen mit Faksen quälen.
verfegen herunterputzen, abprügeln.

verfeuern *trs.* u. *refl.* heftig gegen etwas stoszen, schlagen; auch *nd.*
verfliddern leichtsinnig, bes. durch Putzsucht, durchbringen.
verflieren herausputzen.
verfliejen schichtweise legen.
verfluntschen ausfliesen, gedunsene Form bekommen.
verfrachten in Fracht geben od. nehmen, als Fracht verladen.
verfreszen durch unmäsziges Eszen durchbringen.
verfuscheln durch Fuscheln verderben.
verfussern Zeug, zerfasern.
verfutscheln Haare, verwühlen, in Unordnung bringen.
verfuttern eine Wand, mit Futterholz bekleiden; als Futter aufbrauchen; durch zu starkes Futter krank machen.
vergipsen mit Gips ausfüllen od. zusammenfügen.
vergnaben vernagen.
vergnuddern die Zeit, mit Knurren und Quärren verbringen.
vergranden grandig werden, mit Grand überzogen werden.
vergrenzen mit Grenzen versehen.
vergrisseln durch Schaudern sich mit Gänsehaut überziehen.
vergulaien bummelig vergeuden.
sich verheddern sich in der Rede verwirren, sich verhaspeln.
verheizen als Heizung verbrauchen.
verholzen *trs.* u. *intrs.* verprügeln; holzig werden.
verhuscheln durch zu rasches, unordentliches Wesen verderben od. vergeuden.
verjackern durch zu starkes Jagen verderben.
verjorren die Zeit, mit Weinen verbringen.
verjuckern leichtsinnig verschlemmen.
sich verkabbeln sich leicht verzanken.
verkacheln heftig auf etwas oder jemanden losschlagen.
sich verkampeln sich verzanken.
verkankern verlumpen.
verkanten kantig behauen.
verkaponieren verderben, tödten.
verkataien in Saus und Braus vergeuden.
verkatern *trs.* u. *intrs.* durch Unordnung an einen falschen Platz bringen; über den Nachwirkungen eines Rausches vergeszen; durch einen Rausch in eine gedrückte Stimmung kommen.
verkatzen Balken, mit dem Katzeisen zeichnen.
verkegeln verhauen.
verkeilen heftig verhauen, einstoszen, einschlagen.

sich verkibbeln sich verzanken, spitziger als *verkabbeln*.
sich verkiken sich vergucken.
verkiksen Eier, durch Stossen einschlagen; den Fusz einknicken.
verkladdern mit Koth beschmutzen.
verklammen vor Frost starr werden; schwitzig feucht werden.
verklammern durch Klammern verbinden.
verklampen klumpig, plump werden.
verklatschen eine Wand, mit Lehm bewerfen.
verklönen die Zeit, mit Jannern und Klagen verbringen.
verklopfen heftig ausprügeln.
verklunkern leichtfertig vergeuden.
sich verklunkern sich verschlingen; sich zu frühzeitig verlieben.
Verklunkerung scherzh. für innige Vereinigung, geselliges Zusammenleben: „Weihnachten und Ostern ist grosze Familien-Verklunkerung"; auch Umarmung, Umärmelung genannt.
verkna(i)bbern vernagen.
verknallen heftig schlagen.
verknautschen durch Zusammendrücken aus der Glätte bringen.
verkniddern faltig zusammendrücken.
verknillen dasselbe was *verkniddern*, nur stärker; auch *nd*.
verknippern mit kleiner feiner Arbeit verderben.
verknören die Zeit, knurrend hinbringen.
verknoten knotig verschlingen.
verknuffen mit Stöszen traktieren.
verknuffeln verwirren, verknoten.
verknusen fig. verdauen.
verknutschen dasselbe was *verknautschen*.
verkoddern verschmutzen, verlumpen.
verkohlen durch Dummheit verwirren, verderben.
verkoljen beim Umzug verlegen, verlieren, verderben.
verkrackeln durch schlechte Schrift verderben.
verkramen beim Kramen verlieren, verlegen.
verkrampen mit Krampen versehen.
sich verkraufen sich verkriechen, vulgär.
verkriddeln die Zeit, verdrieszlich krittelnd verbringen.
verkriksen von Thüren, knarrig werden.
verkrömern verkrümeln.
verkröpeln verkrüppeln, durch Krüppelarbeit verderben.
verkrullen kraus machen.
verkuläken mit Faustschlägen traktieren.
verlabbern leichtsinnig vergeuden; mit dem Mund beschmutzen; eine Angelegenheit verfahren.

verlagonieren verderben, ruinieren.
verlappen vergeuden.
verläppern in Kleinigkeiten verthun; *refl.* sich zu früh verlieben = *verplämpern*.
verlasten verfrachten.
verlätschen Schuhe, durch latschigen Gang ausweiten.
verlecken durch einen Leck auslaufen; durch Lecken mit der Zunge verderben.
verledern verhauen.
verliegen ein Glied, durch Liegen vertauben, zu Schmerzempfindung bringen.
verlorren die Zeit, verschwatzen.
verlurjen verlümmeln, schlingelhaft werden, verlumpen.
vermachen Briefe, Packete, schlieszen, einschlagen.
vermaddern verstümpern, verderben.
vermampfen mit geschlossenen Lippen hinunteressen.
vermantschen durch unnützes Durcheinanderrühren verschütten, verderben.
vermarken mit Grenzsteinen abstecken.
vermatschen *trs.* u. *intrs.* weich machen, weich werden.
vermiggern ein überzartes, schwächliches Ansehn bekommen.
vermoddern schlammig werden.
vermopsen zum Aerger reizen, einem gründlich die Wahrheit sagen.
vermuffeln kauend vereszen.
vermurksen durch ungeschicktes Schneiden verderben.
vernitteln die Zeit, mit kleinlichem Bekritteln verbringen.
vernolen die Zeit, mit saumseliger Arbeit verlieren.
vernörgeln in verdriesliches Kritteln hineingerathen.
vernüsseln die Zeit mit breitem, fadem Reden verbringen.
vernuthen durch eine Nuth verbinden.
verpaffen durch Rauchen aufbrauchen; mit Dampf anfüllen.
verpantschen Wäsche, durch zu starkes Eintränken verderben.
verpaschen versäumen, durch Unordnung verlieren.
verpassen in die Passliste eintragen.
verpauken verhauen.
verpegeln mit dem Pegel vermeszen.
verpflöcken durch Pflöcke verbinden.
verpinkern mit feiner, erfolgloser Arbeit verderben.
verpirren ins Weinen hineingerathen.
verpladdern verregnen, durch zu starkes Anfeuchten verderben.
verplämpern in Kleinigkeiten verthun.
sich verplämpern sich zu früh verlieben.

verplautschen durch zu starkes Anfeuchten verderben; verschütten; verregnen.
verplärren die Zeit, mit Plärren verbringen.
verpludern verplaudern; von Feuchtigkeiten, vergieszen.
verpromotaien vergeuden.
verpruddeln verkochen; verschmutzen.
verprusten verschnaufen.
verpuffen mit Stöszen traktieren; verleihen.
verpulkern verpfuschen.
verpurren durch Bohren verderben; fig. reizen, in üble Stimmung versetzen.
verpuscheln verwühlen.
verpusten Luft schöpfen; *refl.* sich erholen, sich ausruhen.
verquabbeln von der Leibesdicke, schwammig werden.
verquackeln in Kleinigkeiten verthun.
verqualstern mit Speichel versudeln.
verquarren die Zeit, mit Quärren verbringen.
verquasen durch übermäsziges Eszen aufzehren; fig. vergeuden.
verquästen mit Ruthen streichen.
verquätschen Wäsche, durch zu starke Näsze verderben; fig. die Zeit, mit inhaltslosem, breitem Geschwätz verbringen.
verquienen die Zeit, mit Lamentieren verbringen.
verrackeln heftig verhauen.
verrackern übermüthig und roh verderben.
verräkeln durch Räkeln unscheinbar machen.
verramenten lärmend zerstören.
verrätschen mit Geräusch zerreiszen; beim Kartenspiel, Geld und Zeit verlieren, von *böhm. ráč* Spieler.
verratzen verhauen; verschlafen.
verreffeln ausschelten.
verreiszen Flachs, aufziehen; *refl.* sich verzanken, *verriszen* verzankt, auf gespanntem Fusze lebend.
verritschen rasch und heftig verhauen.
verruffeln ausschelten; verwühlen.
verrunksen durch zu grosse Kreuz- und Querschnitte unscheinbar machen.
verruscheln Kleider, in unordentliche Falten bringen.
verruszen ruszische Gesinnung annehmen.
versabbeln mit Geifer beschmutzen; verplätschern.
versamen durch Samen sich fortpflanzen.
verschabbeln verschaben.
verschalen durch langes Stehen schal werden.

verschelbern sich mit Schelbern überziehen.
verscheinen durch die Sonne braun werden.
verschicken deportieren.
verschilpern von Feuchtigkeiten, vergieszen, überschütten.
verschlabbern mit Speisen oder Getränken beschmutzen; *refl.* sich verreden.
verschlackern mit Straszenkoth beschmutzen; durch Straszenkoth ungangbar werden.
verschlampen, verstärkt *verschlampampen* Kleider, unordentlich, bes. durch unzeitiges Hängenlaszen auftragen, verderben; fig. verschlemmen.
verschlecken durch Feinschmeckerei durchbringen.
verschlenkern verschleudern.
verschlubbern dasselbe was *verschlabbern*.
verschluddern verlumpen; verschleudern.
verschmaddern heftig schlagen; versudeln.
verschmieren durchwichsen; den Ofen, von innen mit Lehm ausschmieren.
verschmoren durch Kneipen verthun; durch Kneipen herunterkommen; von Fleisch, durch zu starkes Schmoren schlecht werden.
verschmuddeln versudeln.
verschmurgeln verschmieren, verschmutzen.
verschneet verschneit.
verschnickern verschnitzen.
verschnoddern versudeln, eig. verrotzen.
verschnolen lüstern, leckermäulig werden.
verschreiben in ein gerichtliches Document eintragen.
verschrubben die Dielen, durch Schrubben unscheinbar machen.
verschuddern verschütten.
verschurren eine Eisbahn, durch Schurren verderben.
verschwabbeln verdunsen, überfett, schwammig werden.
verschwelen schwelend sich verzehren.
verschwiemeln durch übernächtige Vergnügungen ein verstörtes Aussehn bekommen; *trs.* durch übernächtige Vergnügungen durchbringen.
verschwuchten durch Bummeln vergeuden.
verspaken von Fässern, durch Trockenheit leck werden.
versparren tr. u. *intrs.* mit Sparren versehen; undicht, riszig werden.
versperteln das Bettzeug, verstrampeln.
verspillen unnütz verthun; das Geflügel, beim Braten mit kleinen Hölzchen an den Beinen durchstechen.
versplinten durch eine Splinte befestigen.

Feinbrot aus reinem Roggenmehl ohne Kaff; -*land* das von einem B. benutzte oder benutzbare Land eines B., pl. *Bauerländer*, doch auch -*ländereien*; -*leistung* die gesetzlich bestimmte Leistung eines B. an den Gutsherrn; -*magazin* (-*vorrathsmagazin*) Getreide-vorrathshaus zum Besten der B.; -*pelz* gemeiner Schafpelz ohne Ueberzug; -*recht* das in Bauerangelegenheiten gültige Recht; -*rechtssache*, -*richter*, -*sachen* Angelegenheiten der B., die vor ein Gericht kommen; -*schuh* (*estn. pastal, pastel*) Schuh von ungegerbtem Fell; -*schulcommission*; -*stelle* Landstelle eines B.; -*verordnung* die Hauptquelle des livl. Bauerrechts vom J. 1819; -*vorspann* Bauerpferde zum Weiterfahren; -*vorsteher* Bauerältester; -*wagen*, -*weg* kleiner Fusssteg auf dem Lande; -*wirtsstelle* Land eines Bauerwirts.

Berg auch von sehr geringen Erhöhungen, z. B. *unter dem Berg* wird von den Wohnungen in Katharinenthal gesagt, die am Fuss des etwa 50 Fuss hohen Glints liegen. Man braucht es selbst von Erhöhungen, die sich nicht über 10 Fuss erheben.

Bergcorps die Petersburger Bergakademie.

Beichtkreis die einem Prediger zugewiesene Gemeinde.

Besitzübertragung Hypothekaufnahme.

Bier. Es wird unterschieden zwischen *Bauerbier*, das nur auf glühenden Steinen gebraut wird, *Gutsbier*, das auf den Gütern gebraut wird, *Krugsbier* von gewöhnlichem, braunem Malz, für die Krüge, *Tisch-* od. *Tafelbier* für den herschaftlichen Tisch, *bairisch Bier* stärkergebrautes Doppelbier.

es bimmelt scherzh. = es läutet.

bleiben — *werden*: „er ist dumm geblieben" d. h. geworden. So auch dän. *blive*, frz. *rester*, lett. *palikt*, russ. *ostatsa*.

blühen vom Meer, wenn im Frühjahr bei erster starker Hitze sich an der Oberfläche eine gelbliche Schicht bildet.

Börsencomité der Vorstand der s. g. Börsenkaufmannschaft d. h. der Kaufleute erster Gilde; ihr Versammlungsplatz ist die *Börsenhalle*.

Borsten die Mitesser in der Haut neugeborener Kinder, die wie Borsten aussehen und durch Wälzen in Brotteig ausgezogen werden.

Borstenrusze der Rusze, welcher auf dem flachen Land die Schweineborsten aufkauft.

Bosnickel Schimpfwort, *estn. wiha-kong.*

Buchhalter Gutsschreiber.

Bückling, Büttling der geräucherte Strömling *(Clupea Harengus).*

Burschencommers der von Studenten mit Zuziehung der „alten Herren" gegebene Commers.

Bürste Besen; in Deutschland in diesem Sinne nur noch in „Bürstenbinder" allgemein.

Butter. Es wird unterschieden zwischen *Küchen-* (nicht Koch-), *Tisch-* (nicht Tafel-) und *russischer Butter*, welche letztere, tiefgelb, bereits ausgelassen in den Handel kommt.

Butterloch ein Jugendspiel, bei dem es darauf ankommt, einen Ball mit Knüppeln in ein kleines Erdloch zu treiben, ohne dass es einem Dritten gelingt, seinen Stecken in eins der von den übrigen Mitspielenden eingenommenen Löcher zu bringen.

Cantonnist Zögling einer Militärwaisenanstalt.

Capitän Hauptmann in der Armee.

cholamerisch als Bezeichnung eines höheren Grads von melancholisch.

Civilgouverneur der oberste Kronsbeamte einer Provinz (Gouvernement), dasselbe was in Preussen Regierungspräsident.

Collegium der allgemeinen Fürsorge Landkrankenhaus.

Commandantensteg die an dem früheren Commandantenhause vorbeiführende Fahrstrasse.

Commissarius fisci der für gewisse Angelegenheiten bestellte Staatsanwalt, der die finanziellen Interessen der Krone zu wahren hat.

Contor Pult, ganz nach der urspr. Bedeutung des Wortes.

Contorist Banquier, ja nicht Kaufmann, mit welchem Ausdruck nur der Kleinhändler bezeichnet wird.

Contraschwester die Schwiegermutter des Sohnes dessen Eltern gegenüber.

Creditkasse adliche die ritterschaftliche Bank.

Danke ja? oder danke nein? wird gefragt, wenn auf ein Anerbieten einfach gedankt wird, und die Antwort lautet dann „danke ja" bzw. „danke nein".

Darrblech Stück Blech, das zur Darre benutzt wird.

Deckel Schale, Umschlag eines Buches od. Hefts.

denken scherzhaft für „ein Nachmittagsschläfchen halten".
deutsche Kammer das Zimmer für deutsche Reisende in den an der Landstrasze gelegenen Einkehrhöfen.
deutsche Kirche der Gottesdienst in Landkirchen, bei dem dentsch gepredigt wird.
Dicke Margarete der stärkste unter den erhaltenen Mauertürmen Revals links vom Eingang durch die Grosze Strandpforte.
Von *Dienern* werden unterschieden der *Hauskerl* Hausaufseher, der eig. *Diener, Junge, Schweizer* Portier.
im Dienst belaszen od. *bestätigen* heiszt es von den Beamten, die nach abgelaufener „Dienstzeit" für eine gewisse Reihe von Jahren mit Genusz der Pension neben ihrem Gehalte von der vorgesetzten Behörde weitere Anstellung finden.
Dienstadel der durch den Staatsdienst erworbene Verdienstadel, sowie die Gesamtheit der so Geadelten.
Dienstliste Formulär für die Kronsbeamten, welches, mit genauer Angabe über Dienstalter, Herkunft, Alter, Rang, Beförderung, Amtsführung etc., die Behörden über jeden ihr Unterstellten zu führen haben.
Dienstschnalle die Verdienstschnalle für Beamte, welche, an der Brust getragen, bis vor kurzem vom 15. Dienstjahre ab nach allen 5 Jahren mit der Angabe der betr. Dienstjahre verliehen wurde.
Dienstzeit die Reihe von Dienstjahren, die nöthig ist zum Erwerb der vollen Pensionsberechtigung, meist 25 Jahre, doch auch weniger; Kriegsjahre und die in Sibirien oder Polen verbrachte Zeit zählen doppelt.
Dirigierender Senat, auch kurzweg *der Dirigierende* od. *ein hoher Dirigierender* die höchste Gerichts- und gesetzgebende Behörde des Reichs.
Discipel der akademische Grad, den der Feldscher durch seine Prüfung bei der Universität erwirbt.
Dom in Reval das über der Stadt gelegene, der Stadt gegenüber unabhängige Territorium, das rings um die Domkirche gelegen ist: „Ich wohne auf dem Dom".
Domberg, langer u. *kurzer,* die zum Dom aus der Stadt führenden Straszen.
Domfreiheit die dem Domgebiet verliehene Freiheit von gewissen Abgaben und Obliegenheiten.

Domgilde die Gilde der auf dem Dome od. auf Domgebiet wohnenden Handwerker, sowie das ihr gehörige Amtsgebäude.
Domjugend die auf dem Dom lebende Jugend.
Domlehrer an der Domschule angestellter Lehrer.
Domluft die auf dem Dom herschende frischere Luft, im Gegensatz zu „Stadtluft".
Domscher Bewohner des Doms.
Domschule, Ritter- u. *Domschule* das vom Adel unterhaltene Landesgymnasium, das als Kirchenschule bereits 1319 erwähnt wird.
drauszen im Ausland, in Deutschland.
Dunst Ofendunst, durch Glühkohlen entstehender Dunst; das *verb. dunsten* wird streng unterschieden von *dünsten.*
ehrbar ernsthaft; so auch in *Voss'* Luise „Seid ehrbar, Kinder", aber nicht allgemein niederd.
Eierrolle die schräggestellte Rinne, mit der zu Ostern von den Kindern das Vergnügen des „Eierrollens" ausgeführt wird.
einfache od. *simpele Correspondenz* im Postwesen, die einfachen Briefe im Gegensatz zu eingeschriebenen, Geldbriefen, Packeten.
Eingepfarrte die sämtlichen Kirchspielsglieder einer Landgemeinde.
einhändige Sense Sense, die nur mit einer Hand geführt wird, ebenso gebildet wie *einschläfrige Bettdecke, neugeborener Kindersarg, reitende Artilleriecaserne, abgetheilter Censor, einköpfige Binde, weibliches Gymnasium, fünfprozentige Abtheilung der Reichsbank.*
Eins die Nummer Eins für Abiturienten: „er ist mit Eins entlassen" d. h. er hat im Abiturientenzeugnis die Nr. Eins erhalten.
eins in den Redensa. „einem eins brennen, dämmern, feuern, kacheln, wettern etc." — einem eins geben; aber auch = „etwas" in den Redensa. „einem eins malen, pfeifen, sch....... etc."
Einweisung eines Gutes, statt eines Besitzers in sein Gut; daher *Besitzeinweisung.*
Eisbeil Beil, Axt, mit der die Stärke des Eises von den Fischern geprüft wird.
Eisberg Rutschberg.
Eisblick die von Schnee entblöszte Eisfläche auf Flüszen, Teigen und Seen.
Eisbüchse, Eisform die Form zur Zubereitung von „Gefrorenem".

Eisführer der die ausgebrochenen Eisblöcke nach den Eiskellern führt.
Eiskeller auch solche Räume zur Aufbewahrung von Eis, die, mit Erde oder Rasen überdeckt, zum gröszeren Theil über der Erde liegen.
Eispike starkes Spitzeisen an derbem Stil zum Eisbrechen.
Eisrücken der aus dem herabträufelnden Wasser längs den Häusern auf dem Trottoir sich bildende Eisstreifen, in Livland auch Schweinsrücken genannt.
Eisrusze der Gefrorenes umhertragende und feilbietende Rusze.
Eisschimmel Schimmelpferd.
Eisung das Brechen od. Zersägen des Eises auf Straszen, Gräben, Flüszen.
Eiswuhne Eisloch.
empfangen, Empfang von der amtlichen Prüfung und Uebernahme der Rekruten etc.
Endchen das erste und letzte rundliche Stück am Brote, in Hesen „Knüstchen".
ersten eben, vorhin, kürzlich.
Erzieher der Lehrer an russischen höheren Lehr- und Erziehungsanstalten, dem die Aufsicht über die Schüler obliegt.
Estländer Bewohner von Estland, wohl zu unterscheiden von *Este* undeutscher, eingeborener Bauer (estn. *mües* Landmann) und *Estone* Mitglied der Studentenverbindung Estonia in Dorpat.
exemt der persönlichen Steuer nicht unterworfen.
Expeditor der Handlungsgehilfe in einem Ex- und Importgeschäft, der die Aufsicht über Ab- und Einlieferung und Beförderung der Waaren hat.
Fadenstock Maszstange von der Länge eines Fadens, nach der beim Stapeln des Holzes gemessen wird.
Fahrzeug Pferdegeschirr.
Falkensteg eine Fahrstrasze vom Dom zur Domvorstadt, die von dem Aeltermann Hans Falk ihren Namen hat.
Familienversammlung Zusammenkunft aller selbständigen Familienglieder in Angelegenheiten einer Familienstiftung.
Faselrusze der Rusze, welcher auf dem Lande das Geflügel aufkauft.
Faulbaum Traubenkirsche (*Prunus Padus*).
Faust- od. *Kastenpfand* Pfand von Mobilien, Versatz.
Federstiel Federhalter.

feiern vulgär für *feuern* rasch fahren: „nach Hause feiern" sich rasch nach Hause begeben.
Feldpforte Pforte in einem Feldzaun.
Feldscher der für ärztliche Hilfsleistungen geprüfte Bader, nicht blosz der Wundgehilfe in der Armee, bei der es *Ober-* und *Unterfeldschere* gibt. Man hat auch *Feldscherinnen* und *Feldscher-, Feldscherinschüler, -schülerinnen.*
Feldschlag Feldabtheilung, Lotte.
Fest, Geburts- u. *Namensfest* der hervorragenden Glieder des kaiserlichen Hauses, die als Feste begangenen Jahrestage.
feuchtes Weib ein sinnlich reizendes Weib, mit Anklang an den bekannten Ausdruck in Goethes „Fischer".
Fleisch. Es wird unterschieden *Brat-, Klopf-, Rauch-, Salz-, Schier-, Suppenfleisch.*
Flottofficier, Flottrekrute, Flottsoldat der Offizier, Rekrute, Soldat bei der Flotte. Hinsichtlich der *Flottequipage* wäre vielleicht daran zu erinnern, dasz wir es dem zweiten Bestandtheil mit einem jener über die Grenze gegangenen Wörter (Schiff) zu thun haben, das in fremdländischem Gewand aus der Fremde zu uns zurückgekehrt ist.
Flucht Flügel; davon *Fluchtfeder* Flügelfeder, *fluchtlahm* von Thüren, Fenstern und Thieren, an denen eine Hänge gebrochen bzw. der Flügel lahm ist.
foi verstärktes *fü* zum Ausdruck des Ekels und Abscheus.
Förster der gebildete, deutsche Waldaufseher, der jedoch nicht Jäger zu sein braucht.
Fräulein im Munde der Dienstboten das weibliche, wenn auch noch so kleine Kind aus deutschem Hause.
Freibrief hiesz das Schreiben, in welchem der Herr dem Rechte an einen Leibeigenen entsagte, oder das gerichtliche Zeugnis, dasz jemand kein Leibeigener sei.
Freibrunnen öffentlicher Brunnen auf Straszen und Märkten.
Freifuhr die von einem Bauer über den zu leistenden Gehorch hinaus gegen Entschädigung übernommene Fuhr.
Frummel Kotbstückchen.
füllig voll, bes. von dem Wohlaussehen eines Menschen gebraucht.
Gare Flüszigkeit der Kürschnerbeize.
Gartenbeeren die in einem Garten gezogenen Beeren: Johannis-, Erd-, Stachel-, Himbeeren, im Gegensatz zu Wald-, Haide- und Morastbeeren.

Gefrorenes künstliches Eis, à *la glace*.
geheirathet verheirathet: „sie hat sich geheirathet an einen Beamten"; „sie ist an einen Kaufmann geheirathet."
Generalsuperintendent der erste evangelische Geistliche des Landes; der Würde nach folgen der *Probst*, *Oberpastor*, *Diaconus*, *Vicar*. An der Spitze der Stadtgeistlichkeit steht ein *Superintendent*.
Georgenkreuz militärisches Verdienstkreuz für persönliche Tapferkeit.
Gergel, estn. üre Kimme, Falz in den Faszdauben.
geschnitten auf etwas, versessen, von starkem Verlangen getrieben.
geschreckt erschreckt.
gesetzt heiszt die Kuh, welche gekalbt hat.
Getränke Bier und Schnaps; davon *Getränkeuccise*, *Getränkeanstalt* Bier- u. Schnapskneipe, *Getränkeverkaufsanstalt*, meist mit der komischen Aufschrift „zu trinken an Ort und Stelle und zum Fortbringen", letzteres, wenn auch das Recht des Verkaufs über die Strasze erworben ist; *Getränkesteuer*.
Glinthaus ein am Glint liegendes Domhaus.
Gouverneur der oberste Beamte einer Provinz. Man unterscheidet *Civil-* u. *Militärgouverneur*.
Grausz Kehricht.
groszes Examen heiszt das Examen von Lehrerinnen, das zur Ertheilung des wissenschaftlichen Unterrichts berechtigt; das s. g. *kleine Examen* berechtigt nur zur Ertheilung von Elementarunterricht.
Grützwurst Wurst, die mit Grütze und Rosinen gefüllt ist.

Bei den *Gütern* werden unterschieden: *Erb-* oder *Privatgut* das ererbte oder erblich zugehörende Landgut, zuweilen Familiengut genannt, bei dessen Verkauf den Familiengliedern ein Näherrecht zusteht; doch tritt dies nur für den Fall ein, dasz das Gut bereits vom Groszvater ererbt war; *Pfandgut* das zur Sicherung einer Forderung dem Pfandgläubiger zum Besitz übergebene Gut; *altes Pfandgut* ein Pfandgut, das später mit allen Rechten eines Eigentümers ausgestattet worden ist; *Widme* od. *Freigut*; *Rittergut*; *Majoratsgut*; *Fideicommissgut*; *Arrendegut*; *Pastoratsgut*; *Gemeindegut*; *Kronsgut*; *Beigut*; *Bauergut*.

Haarman(n) gewalktes Tuch.
Halbstation die bloße Haltestelle auf der Eisenbahn, bei der Stationen 1. Classe (mit Buffet), Stationen 2. Classe (ohne Buffet) und *Halbstationen* unterschieden werden.
Human Zeug, das die Bauern zur Kleidung tragen, estn. hamans. Ist der zweite Bestandtheil des Wortes mit *Wadman(l)* zusammenzustellen? Und was bedeutet dann der erste?
Handelsbillet der von den Kaufleuten, Wirten und Händlern alljährlich zu lösende Schein, welcher sie zur Ausübung ihres Gewerbes berechtigt und in dem Verkaufslocal ausgehängt sein musz.
zu *Hause kommen* nach Haus kommen; *von Haus sein* ausgegangen sein, das aus bekannten Gründen ebensowenig wie *ausgehen* für „von Haus gehen" gehört wird.
Hauslehrer ins Haus genommener Privatlehrer, aber fast nie *Hauslehrerin*, sondern statt dessen, wie in den Schulen, *Lehrerin*.

Herberge Seitengebäude eines Herrenhauses, eig. Gesindewohnung.
Hof Haus- und Wirtschaftsgebäude eines Gutes, und daher *Hofsarbeit*, *-arbeiter*, *-deputatist*, *-fuhr*, *-gesinde*, *-knecht*, *-land* od. *-ländereien*, *-magd* etc.; ohne s *Hoflage Beigut*. Jedes eigentliche Landgut besteht aus dem Hof mit den dazu gehörigen Hofländereien und Bauerländereien.
Hofmeister als Titel verliehene Charge im persönlichen Dienst des Kaisers.
Holländer Käsemacher, Viehpächter.
Holz. Als Brennholz wird Birkenholz für das beste gehalten, nach ihm Ellernholz, dann Tannen(Kiefern)holz und für das geringste an Güte Grünen(Tannen)holz.
Horbel Schlag (hat Livland zur Heimat).
Hornhecht (*Esox Belone*).
Hülsen auch ohne Zusatz spezielle Bezeichnung für Papyrosbülsen.
Husar ein sehr entschieden auftretendes, männlich geartetes Frauenzimmer; auch *Dragoner*.
Hüter Hirte, nd. höer od. heerde, mhd.

hütaere, und davon *Hüterhorn*, *Hüterjunge*, *Hüterkind*, *Hüterwohnung* etc.
das Innere des Reichs = Ruszland; *im Innern* = in Ruszland.
Johannisfeuer die am Johannisabend nach uralter Sitte im Freien angezündeten Feuer.
Jungherr das männliche Kind aus deutschem Hause.
ein Kalb voll Fleisch ein ganzes Kalb, wörtliche Uebersetzung von *estn. wazika-täis liha*.
Kalesche. *Von der Kalesche kommen*, v. d. K. sein seine gute Stelle einbüszen od. eingebüszt haben.
kalte Schale ein Getränk aus Bier.
kalter Bauer, *Kalter* Pollution.
Kanker Flitterkram, verlumptes Zeug; abgeriszener Kerl, *estn. kannas g. kanga* Gewebe, altmärk. *Kanker* dünnes Gewebe.
Kapelle Leichenhaus auf dem Kirchhof, Erbbegräbnis; Filialkirche (so z. B. in *Rathskapelle*); dann das Steiszende von gebratenem Geflügel, und davon Bezeichnung auch des menschlichen Hintertheils: „einem auf die Kapelle geben", „einen auf die Kapelle setzen".
Kasanscher Adel scherzhaft für den ruszischen Dienstadel, dessen Zugehörige in Reval zahlreich in der Umgebung der vorstädtischen Kasanschen Kirche wohnen.
Kasseler Hund eine Gattung Hunde. Woher mag die Bezeichnung stammen?
Kathrini zuweilen, auch schon in älteren Schriften, für *Kathrinen*, nach Analogie von Martini.
Kaufmannschaft, ruszische die Gesamtheit der ruszischen Kaufleute.
kehlen kleine Fische, durch Herausnehmen der Eingeweide am Halse reinigen; eig. die Kehle abschneiden.
Kellerluke Kelleröffnung, von der aus eine Treppe in den Keller führt; dann Kelleröffnung überhaupt, mit oder ohne Lade.
Keuchel Küchlein.
Kiloströming der kleine, sardellenartige Strömling (*Clupea sprattus*), der vorzugsweise in den Buchten von Reval und Baltischport vorkommt. Da der erste Bestandtheil des Wortes nicht estnisch ist (der Este nennt den Fisch *kretel*), so ist bei der Aehnlichkeit des Thieres mit der Kieler Sprotte auch sprachlich die Benennung nach der Stadt Kiel wahrscheinlich, so dasz *Kiloströmling* = Kieler Strömling.

Kindergarten der von Bäumen beschattete Platz links von der Schmiedepforte, bei der jetzigen St. Johanniskirche, der im Frühjahr und Sommer den Kindern vorzugsweise als Spielplatz dient.
Kirchenconvent (*Kirchspielconvent*) die von dem Kirchenvorsteher ins Pastorat zusammenberufene Versammlung der Kirchspielsglieder, bei der das Protokoll vom Prediger geführt wird; dann die ordnungsmäszige Zusammenkunft einer Anzahl von Pastoren.
Kirchengesetz das in Wirksamkeit stehende Gesetz für die Angelegenheiten der lutherischen Kirche in den Ostseeprovinzen, wie im Innern des Reichs.
Kirchenschulen mit der Kirche irgendwie verbundene, häufig von ihr allein oder vorzugsweise unterhaltene Schulen, in den Ostseeprovinzen Elementarschulen, in den beiden Hauptstädten des Reichs und auch schon in Narva auch höhere Schulen.
Kirchenvormünder Kirchenvorsteher eines Gutsgebietes.
Kirchenweg der Weg von einem Gut zur Kirche.
Kirchgemeinen. Dieselben werden, wenigstens in der Stadt, ohne Zusetzung einer Partikel nach den betreffenden Kirchen genannt: *Domgemeine*, *St. Nicolai-*, *St. Olai-*, *Karls-*, *St. Johannis-*, *St. Michaelisgemeine*.
Kirchspielrichter Einzelrichter auf dem Lande.
klein kriegen einsehen.
Kloster der Raum in der Unterstadt von Reval, wo früher ein Kloster stand und jetzt das von Gustav Adolf eingerichtete Kronsgymnasium seinen Platz hat.
Klubmarke das zu einem länglichen Viereck geschnitzte Leder- od. Pappstückchen, das in den sechziger Jahren und früherhin als Werthzeichen für das mangelnde Kleingeld diente.
Knechtswirtschaft die Art der Bewirtschaftung, wie sie auf den Gütern seit Aufhebung der Frohnen eingeführt ist; *Knecht* heisst seitdem der ländliche Tagelöhner.
Koch. *Vom Koch speisen* = aus der Garküche, aus dem Speisehause seine Kost entnehmen.
Kohl durchgängig für „Kraut", selbst *Sauerkohl* Sauerkraut.
Kranz Kranzgewinde, Guirlande.
kratzen, seltener *abkratzen* sterben.
Kreislehrer Kreisschullehrer.

Kreisschule Bürgerschule; die *Gebiets-* und *Kirchspielsschulen* sind Elementarschulen; an die *Kreisschulen* schlieszen sich die Gymnasien und Realschulen an. Der Vorsteher einer *Kreisschule* heiszt *Kreisschul-Inspector.*
Krongiesz̄er Glockengieszer, eig. der die Kronleuchter giesz̄t.
Krönungsfest Jahresfest zur Krönungsfeier des regierenden Kaisers.
Kröpelkuchen, md. Kräppelkuchen Kräpfelkuchen.
Krug. Bei den Krügen, den Bauerwirtshäusern, unterscheidet man, abgesehen von denen an Straszen und Wegen, landische und städtische, unter den landischen wiederum Dorfs-, Kirchen- und Winkelkrüge, jenachdem sie in einem Dorf, nahe der Kirche oder einzeln liegen.
Kuchen einzelnes Kuchenstück: „Heute habe ich bei *St.* wenigstens zehn Kuchen gegeszen".
Kuchenrolle das Holz zum Auswelgen des Teigs.
kündbar, unkündbar von Pfandbriefen.
Kupferschlange Blindschleiche *(Anguis fragilis)*, mit Unrecht für schädlich oder gar giftig gehalten. Auszerdem finden sich bes. die Ringelnatter *(Tropidonotus Natrix)*, Kreuzotter *(Pelias Berus)*, Feuerschlange, helle Kupferschlange od. rothe Kreuzotter *(P. Chersea)* u. die schwarze Kreuzotter *(Pelias Prester).*
kürsch kurländisch, während *est-* u. *livländisch* gesagt wird.
Luchsforelle (Salmo Trutta), verschieden von Lachs *(Salmo Salar)* und Forelle *(Salmo Fario).*
Landgemeine bürgerliche Gemeinschaft aller zu einem Gute „Angeschriebenen".
Langer Hermann der herlich erhaltene, hohe Eckturm der alten Schloszmauern in Reval.
langweilig haben Langeweile haben.
Larve Maske, welche ungebr.; auch *nd.*
lecken sich einschmeicheln.
Legatsversammlung Familienversammlung in Angelegenheiten einer Familienstiftung.
Lehrbezirk der unter einem Curator stehende gröszere Verband sämtlicher Anstalten, welche dem Ministerium der Volksaufklärung unterstehen.
leicht vom Waszer, wenn bei schwachem Wind, aber rauher Luft die See hochgeht.
Leihbrief Pfandbrief, Obligation.

Lilien convallien Maiblumen *(Convallaria majalis),* auch *nd.*
Litauer eine Art Hasen *(Lepus timidus).*
Literat ein Studierter, also Aerzte, Geistliche, Lehrer. Soll seine Heimat in Kurland haben.
losschneiden anschneiden, z. B. einen heilen Käse.
losziehen abziehen, ausreiszen, durch die Lappen gehen.
Lübsche Wurst Cervelatwurst.
Lubbe geriszenes, gespaltenes, nicht gesägtes Brett. Hängt das Wort mit *estn. laud g. lauwa* Brett zusammen?
Lutherwaisenhaus evangelisches Waisenhaus, auf das Andenken des Reformators gestiftet in Anregung des dreihundertjährigen Reformationsjubiläums im J. 1817.
Magd. Es werden, wie allgemein, die Kinder-, Stuben- und Küchenmagd unterschieden; etwas höher steht die Jungfer, die Madame, die Bonne.
Madame, wohl zu unterscheiden von *Mádame* (gespr. ohne *e),* wie die Literaten- und vornehmeren Bürgerfrauen tituliert werden, bezeichnet eine Frau, die, den niederen Ständen angehörend, doch schon zu den höheren Dienstleistungen einer Pflegerin, Badewärterin, Wirtschafterin etc. verwandt wird.
Maler der Stubenmaler, Weiszbinder.
Marschall Braut- und Bräutigamsführer bei der Hochzeit, oft in gröszerer Zahl, dasselbe was als weibliche Vertreterinnen die *Brautsdamen.*
März- u. *Septemberzeit* die Woche um den 10. März bzw. September, in der die Gutsbesitzer zur Stadt kommen und alle kaufmännischen Geschäfte abgewickelt werden.
Maschine im Hauswesen, ohne Zusatz, Bezeichnung der Kaffee-, Theemaschine.
Ministerial Behörden-, Gesellschaftsdiener.
mit absolut gebraucht, mit Ergänzung von Schmand, in der stehenden Frage beim Einschenken von Kaffee, Thee: „Mit oder ohne?"
Moderlieschen Schlammpeizker *(Cobitis fossilis),* estn. *muda-kala.*
das (allerhöchste) monarchische Wohlwollen wird eröffnet als Auszeichnung für ein im Kronsdienst erworbenes besonderes Verdienst.
Morast stehend für *Moor,* das nicht gehört wird; so auch in Zusammensetzungen wie *Morastbach,* -*beere,* -*blume,* -*fichte,* -*gras,* -*heu,* -*heuschlag,*

-hügel, -huhn, -insel, -schnepfe, -tanne, -wasser, -wild u. a.
Mutter als ehrende Bezeichnung für ein Weib niederen Standes; so auch in Zusammensetzungen wie *Faselmutter* Geflügelaufseherin, *Kojamutter* Hausaufseherin, *Waschmutter* Wäscherin, *Viehmutter* Viehaufseherin; denn nie wird man von einer Bauerfrau, einer Waschfrau sprechen hören. *Brautmutter* heiszt die Dame, welche bei Hochzeiten die Braut vor den Altar führt; *Taufmutter*, die ein Kind über die Taufe hält. Sind es männliche Personen, so heiszen sie *Brautvater*, *Taufvater*.
nachdem später, nachher, postea.
Nachleck bei der Brantweinbereitung, was nachleckt.
Näthrin Flickschneiderin, unterschieden von *Schneiderin*, die auch das Zuschneiden versteht.
Narvenser Bewohner von Narva; die von Reval heiszen *Revalenser*, die von Hapsal *Hapsaliter*, die von Dorpat *Dörptsche*, von Leal *Lealsche*, die von Baltischport, Weiszenstein, Wesenberg einfach *Baltischporter*, *Weiszensteiner*, *Wesenberger*. Für den Moskauer hört man nur scherzhaft *Moscowiter*; der Bewohner von Riga heiszt *Rigenser*.
Naschwerk, Näschereien Confect.
Nationale Undeutsche, hierzulande Bezeichnung für die Esten.
Narvsche Neunaugen (*Petromyzon fluviatilis*).
Niedecho nach der niederd. Form gebildet, wie hochd. allgemein *Niednagel* für Neidnagel.
Nonnenkloster, auch estn. nunna-koda, scherzhafte Bezeichnung für Bordel.
Noth haben Drang zu Stuhle empfinden.
Oberpastor der Haupt- und Vormittagsprediger an einer Stadtkirche.
Ochsenaugen ausgeschlagene Backeier, Spiegeleier; wie anderwärts *Kalbsaugen*.
Ofenbrei im Ofen gebackener Formbrei.
offener Brief heiszt in dem Postreglement die Postkarte.
ohne sein, *ohne bleiben* absolut gebraucht.
Ordinator älterer u. jüngerer für die an einem Hospital beschäftigten Aerzte.
Osterkuchen Kuchen von besonderer Gestalt, wie sie nach russischer Sitte zu Ostern auf den Tisch gebracht werden.
Ostseecomité die Abtheilung im dirigirenden Senat für gesetzgeberische Behandlung der Ostseeprovinzen.
Packnölchen Päckchen, Packetchen.
Passkugel die einzelne geladene Kugel.

Pastor lutherischer Geistlicher, nicht Prediger od. Pfarrer; aber Gefängnis- und Hospitalsprediger und Predigersynode, merkwürdigerweise also gerade da, wo die Predigt zurücktritt.
Pfeilerspiegel groszer Wandspiegel.
Pforte zur Bezeichnung der Stadtthore: *Süsternpforte*, grosze u. kleine *Strandpforte*, *Lehm-*, *Kari-*, *Schmiede-*, *Dompforte*, noch aus der Zeit beibehalten, wo Reval Festung war.
Philistercommers der von den Philistern den „Burschen" gegebene Commers.
Polizeicommando die Gesammtheit der Polizeisoldaten.
Pop Bezeichnung der Klötzchen im Kurnispiel.
Postcavaliere Adelsmitglieder, welche die Aufsicht über das landische Postwesen führen.
Postillon Briefträger.
Praesidienlieder auf Commersen die vom Präsidium dirigirten, ersten Chorlieder.
Praestanden, Landespraestanden die von den Gütern aufzubringenden Landesabgaben.
Priorin Vorsteherin des Revaler Marienod. Fräuleinstifts, sowie des Finnschen Stiftes zur Erziehung von Töchtern des estländischen Adels.
Probierkammer die Behörde, welche die Gold- und Silberwaaren auf den vorgeschriebenen Feingehalt zu prüfen hat.
Procureur Staatsanwalt.
Prüfungscommission bei Schulen zur Abnahme des Examens, aus je drei Lehrern als Mitgliedern bestehend, und
Rekrutencommission zur „Abnahme" der Rekruten.
Quartier als Hohlmasz = $^1/_4$ Stof, als Längenmasz = $^1/_4$ Elle, z. B. 5 Quartier = $^5/_4$ Ellen.
Quartier Wohnung, *Stadtquartier* Stadtwohnung, und davon *Quartierkammer, Quartiersteuer, Quartierverwaltung, Quartierwesen*.
Rathsschmaus Festschmaus der Rathsherren und ihrer obersten Beamten.
Rauhes Haus, wie in Hamburg, Erziehungsanstalt für Verwahrloste.
Rauhhäusler Erzieher und Zöglinge aus dem Rauhen Hause.
Rechtsnehmer juristischer Ausdruck für Rechtsnachfolger.
rein machen Gemüse, Obst, reinigen.
Reisegefährte, Reisegesellschaft wird häufig durch die Zeitung gesucht; es sind Mitreisende per Post zu einer weiteren Fahrt auf gemeinsame Kosten gemeint.

Rennkugel Rehposten.
Rosscanton Aushebungsbezirk für Militärpferde.
rother Strich die Linie auf den Gutskarten, durch welche das Hofsland von dem Bauerland gesetzlich abgegrenzt wurde.
Rubel Silber der Bankschein, Creditbillet im Nominalwerth eines Rubels mit Zwangscurs, unterschieden von *Silberrubel*, der klingenden Münze. Früher rechnete man nach *Rubeln Banco*, deren 3½ auf den heutigen *Rubel Silber (R. S.)* gingen.
russische Wirtschaft unordentliche, schmutzige, der Bestechung zugängliche, auf den blossen äusseren Schein bedachte Wirtschaft.
russischer Schinken leicht geräucherter Schinken.
russisches Hemd Knabenkittel, von der Sitte, die von den Ruszen niederen Standes noch festgehalten wird, das Hemd über die Hosen zu tragen.
Rutsche heiszt zuweilen die Rutschbahn, Gleitebahn.
Saatroggen, gew. *Roggensaat* Roggen zur Aussaat.
sachtlichen adv. sachte, geräuschlos.
Sack die übliche Bezeichnung für „Dute".
Saft in Zucker eingemachte Früchte, unterschieden von *Mus, Mos;* der reine Fruchtsaft heiszt *Klarsaft*.
Salat im weiteren Sinn = Compot, obgleich seiner Grundbedeutung nach, von ital. *salare*, nur etwas salziges bezeichnend.
Sandart eine Art Fische, Sander (*Perca Lucioperca*).
Schachtel tragbares Behältnis nicht blosz mit rundlich gebogenen Wänden, sondern auch eckig, ja geflochten, wie z. B. meist die Haubenschachtel, mit der sich die verheiratheten Damen bewaffnen, wenn sie zu einer Gesellschaft gehen; dann auch = Schublade.
Schaden haben od. *bekommen*, ohne Artikel, von körperlichen Verletzungen.
Schafbraten Hammelbraten.
Schälchen Schnaps, Gläschen Liqueur, der früher in Schalen gereicht wurde.
Schale Napf; *Waschschale* Waschnapf.
Schlafkommode zum Schlafen eingerichtete Kommode.
Schlafschrank mit Schlafvorkehrung versehener Schrank.
Schloszberg sanft ansteigender Fahrweg vom Domschlosz in Reval zur Domvorstadt.

Schmandbütte die in einer Schale gesäuerte, unabgeschmändete Milch. Von dem wellenlosen Meer, dessen Oberfläche bei völliger Windstille spiegelglatt ist, sagt man: „es ist wie eine Schmandbütte".
Schnaps wird auch für den feineren Liqueur gesagt, so dasz beim vornehmsten Diner zu hören ist: „Nun, meine Herren, einen kleinen Schnaps!"
Schnur Seil, Bindfaden.
Schnurbuch das mit einer Schnur der Controle wegen durchstochene Buch mit fortlaufender Seitenzahl.
Schroten m. das geschrotete Getraide, in Deutschland Schrot.
Schuppenpelz der Pelz von Waschbärfellen; *-pelz* steht eig. pleonastisch, denn russ. *schuba* = Pelz.
Schusterfisch Schleie (*Cyprinus Tinca*).
Sechswöchnerin für das gebräuchlichere „Wöchnerin".
segeln stehend für *aussegeln*. Bei den Schiffslisten heiszt es von den abgegangenen Schiffen, auch den Dampfern, einfach „gesegelt".
selten als Steigerungswort = sehr, ausnehmend. Es ist jemand „selten klug, selten gelehrt, selten schön" d. h. sehr klug, gelehrt, schön.
Senator werden, in den Senat kommen oft scherzhaft für „emeritiert, an die Luft gesetzt werden".
Setzungen die mehrmals im Lauf des Semesters stattfindende Platzanweisung der Schüler nach Leistungen und Betragen.
Siek eine Fischart, Schnäpel (*Coregonus Lavaretus*).
Simse hartes Gras.
Sonnengalle, estn. *päewa-sammas*.
Sonnensäule die Streifen, die scheinbar von der wasserziehenden Sonne zur Erde führen.
Sonntagswächter der am Sonntag auf dem Gutshof mit dem Stabe ausgestellte Wächter.
Speise Gang, Gericht: „ein Diner von fünf Speisen" d. i. Gängen.
Spelte der Deckel von dem Zugloch eines Ofens oder Herdes. Hängt es zusammen mit nd. *spelten*, der schwachen Form für *spalten?*
Spitzmehl das erste, unreine Mehl.
Sprengelsynode die von den Pastoren eines Sprengels besuchte Synode.
Stadtgotteskasten die vom Magistrat verwaltete Kasse zu Kirchen-, Schul- und verschiedenen anderen Zwecken.

Stadtsynode die von den Stadtpredigern abgehaltene Synode.

stehlen so nähen, dasz von zwei zusammengenähten Stücken das eine nicht so weit reicht, wie das andere.

Stellmacher Wagenbauer, Wagner.

stolz auf jemanden, d. h. ihm gegenüber, gegen jemanden.

Stopfkuckel aus Weiszbrotteig gebackener Kuchen, der mit einer breiartigen Masse gefüllt wird.

Von *Straszen* mit eigentümlichem Namen begegnen uns der *Katzenschwanz*, die *Hühnerzehe*.

Strauch-, *Knüppelbrücke* Brücke, die aus Strauchwerk bzw. Knüppeln hergestellt ist.

Strauchwald Wald, in dem Reisich gehauen wird.

strecken jemanden überlegen, um ihn durchzubauen.

streichen die Lage oder Diele, einen Anstrich geben; von der äuszeren Wand des Hauses sagt man *anstreichen*; durchwichsen.

zu Strich kommen zu Rande, zum Ziel kommen.

Strickspiesze Stricknadeln, auch kurzweg *Spiesze*.

Strömling eine Art kleiner Häringe (*Clupea Harengus* var. *Membras*), *estn. silk*.

Strüffel, Striffel Gestrüffel, Gestrüpp.

Stüm, *stümen* von Schneegestöber, vielleicht verwandt mit e. *steam*, nd. *stiemen* fein regnen, mit Anklang an Sturm und Ungestüm.

Süszes Loch scherzh. Bezeichnung des als Weinstube dienenden Rathskellers.

Tabellenfest russischer Festtag, an dem in den Gerichtsbehörden keine Sitzung gehalten und in den Kronsschulen kein Unterricht ertheilt wird.

Tag findet sich in überaus zahlreichen Zusammensetzungen in eigentümlicher Bedeutung: *Arbeits-* od. *Gehorchstag* der Bauern, und zwar *Fusztag* der mit Fuszarbeit, *Pferde-* od. *Anspannstag* der mit Anspann geleistete Arbeitstag; *Erntetag* der zur Zeit der Ernte geleistete Gehorchstag; *Ein-*, *Zwei-*, *Dreitags-*, *Einhalbtags-*, *Einviertellagskerl* Bauer, der in der Woche einen, zwei, drei, einen halben, einenviertel Arbeitstage zu leisten hat; *Sechstagswirt* der an allen 6 Wochentagen Arbeiter zu stellen hat, *Zwölftagswirt* der zwölf Arbeitstage wöchentlich mit Anspann zu leisten hat.

Tang das kurze, dicke Holz, mittels dessen die Seehundsjäger, auf der linken Seite liegend und mit der rechten sich fortschiebend, sich an den Seehund heranzuschleichen suchen. Woher kommt das Wort? *Tangen* heiszen *mnd.* die Grundpfähle, auf denen in Moorgrund ein Haus ruht. Oder ist an *ahd. tan* Riemen, *as. thenian* dehnen zu denken?

Tante fremde Frau, *estn. küla-memm*.

Termin. Die Terminzeiten sind die Tage um den 10. März und 10. September, in denen alle Geld- und kaufmännischen Geschäfte erledigt werden; im Termin um die Zeit des 10. März bzw. 10. September.

Thronbesteigungsfest Jahresfest zur Thronbesteigung des regierenden Kaisers.

Trauer d. h. Trauerkleider kauft sich die Witwe nach dem Tode ihres Mannes.

Trauerconfect das in schwarzgerändertem Umschlag bei Beerdigungen im Haus gereichte Confect.

Trester sonst nur die Hülsen ausgekelteter Früchte, hier auch z. B. die Ueberbleibsel beim Fettschmelzen.

Trick-track Brettspiel, langer Puff, wie im Franz.

übermorgendig auf den übernächsten Tag fallend.

überschilpern übergieszen, von fuhrläszigem Verschütten von Flüszigkeiten.

umkolien umziehen, die Wohnung wechseln, estn. *kolima*.

umwieken umbiegen, *Umwiekung*.

Universitätsgrade sind: *graduierter Student, Candidat, Magister, Doctor*. In der medicinischen Facultät wird denen, welche nicht die Doctorwürde erlangen, der Rang eines *Arztes* ertheilt.

unpaarig ungleich, nicht zu einem Paar gehörig.

Untermilitär m. Soldat vom Offizier abwärts. Nach dem Rusz.

im Verbund ist bei einem Meister der Lehrjunge, der anderweitig gelernt hat, aber noch ein halbes Jahr bei einem Meister arbeitet, bis er freigesprochen wird.

Verlust der Standesrechte eine häufig als Verstärkung einer anderen ausgesprochene gerichtliche Strafe, durch welche die durch Geburt oder Dienst erworbenen persönlichen Vorrechte abgesprochen werden.

vertragener Meister der Handwerker, der, vom Land zur Stadt gezogen, mit der Zunft sich verträgt.

Viehweib, Viehmutter Aufseherin des Viehs auf dem Lande.
Volksaufklärung Cultus und Unterricht; *Minister der Volksaufklärung* Unterrichts-, Cultusminister.
vordem ehe, bevor, *priusquam.*
vorfindlich sich vorfindend.
Vorhaus der Raum zwischen Hausthüre und den Innenräumen eines Hauses, in Schlesien „Haus", in Brandenburg „Flur", in Hessen „Hausähren" genannt.
vorsetzen stehend für das Vorlegen der Doppelfenster, die dann im Frühjahr wieder „abgenommen" werden.
vorspicken in unerlaubter Weise beim Unterricht zurufen, die Antwort zuflistern.
Bei der Bezeichnung der *Vorstädte* nach benachbarten Städten werden einzelne Namen gekürzt: *Dörptsche, Narvsche* Vorstadt.
Vorsteherhund Hühnerhund.
Vorstellung Eingabe bei einer Behörde; Einreichung.
Vorzimmer Eintrittszimmer, welches zum Ablegen der Kleider dient.
Wadenbrot das Brot, das die Schiffer mitnehmen, wenn sie mit der Wade, dem Zugnetz, fischen gehen.
Weib Bezeichnung für eine niedere Bedienstete aus dem Bauerstande, während es beleidigend wäre, das Wort für eine deutsche Frau zu brauchen, und wenn sie von niedrigstem Stande wäre und als Magd diente. In vielen Zusammensetzungen häufig: *Aepfelweib* Verkäuferin von Aepfeln, *Apfelsinenweib* Verkäuferin von Apfelsinen, *Beerenweib* Beerenverkäuferin, *Bettelweib, Brotweib* Herumträgerin von Brot, *Hofsweib* Gutsbäuerin, Aufseherin über den Gutshof, *Hausweib* Hausaufseherin, *Milchweib* Milchverkäuferin, *Soldatenweib, Wasserweib* Zuträgerin von Wasser, *Weckenweib* Zuträgerin von Weissbrot, *Zeitungsweib* Austrägerin der Zeitung.
Weihnachtssonnabend der Tag vor Weihnachten, der allgemeine Beschertag.
Wiborger Kringel eine Art feines Weizengebäck.
Wirtin Haushälterin; Bäuerin, die einem Gesinde vorsteht.
Wirtschaftsbequemlichkeiten. Dazu werden bei einer Wohnung gerechnet Küche, Schafferei, Gemüsekeller, Waschküche, Holzschauer.
Wissenschaften werden im Schulunterricht diejenigen Fächer genannt, die nicht auf Religion oder Sprachen sich beziehen, also Rechnen, Geschichte, Geographie, Naturgeschichte. *Wissenschaftliche Lehrer* werden an höheren Schulen diejenigen Lehrer genannt, die nicht als Fachlehrer geprüft sind; diese heiszen an den Gymnasien *Oberlehrer.*
in die Wochen kommen, in den Wochen sein von der Niederkunft einer Wöchnerin.
Wochenarbeiter der auf dem Lande wochenweise eine Arbeit übernimmt.
Wohleinrichtung (äuszere) in der Stadtverwaltung bezieht sich auf Pflasterung, Reinigung, Beleuchtung von Straszen und Plätzen, Anlegung und Erhaltung von Trottoiren, Anlagen etc.
Bei *Wohnungsangaben* in Städten der Ostseeprovinzen wird nicht die Hausnummer, sondern der Name des Hausbesitzers genannt, also *N. N.*, Haus *M.*
Wolfsschlucht Name einer Schlucht in der Nähe der Petersburger Strasze bei Katharinenthal, etwa 2 Werst von Reval.
Wurstfahrt Fahrt auf dem Lande von einer Familie zur andern.
Zärter eine Art Fische (*Cyprinus Laskyr*).
Zeitungstisch der Regierungs- „Tisch", bei welchem zu offiziellem Gebrauch die in- und ausländischen Zeitungen ausgezogen und die wichtigsten Nachrichten zusammengestellt werden.
Zis-chen kleine Bratwürstchen, Abkürzung von *Saucischen.*
Zitz für den in Deutschland üblichen Kattun, beides weither entlehnte Fremdwörter, *bengal. chits, arab. al gutun.*
Zollbesucher Zollbeamter, der als Visitant der verzollbaren Waaren angestellt ist; auch *Zollmitglied* genannt.
zusammengehen von der Milch, gerinnen, hotteln.
zuzählen einen Beamten anstellen mit Zugehörigkeit zu einem anderen Ressort.
Zwiebelrusze gemeiner Russe, der seine Liebhaberei am Zwiebeleszen hat.

Den Schlusz dieser Gruppe mögen die häufig gehörten Ausdrücke für die 14 ruszischen Rangclassen bilden:

14. Cl. *Collegien-Registrator,* 13. *Provinzial-Secretär* (nicht mehr üblich), 12. *Gouvernements-Secretär,* 11. *Senats-Secretär* (nicht mehr üblich), 10. *Collegien-*

Secretär, 9. *Titulärrath*, 8. *Collegien-Assessor*, 7. *Hofrath*, 6. *Collegienrath*, 5. *Staatsrath*, 4. *Wirklicher Staatsrath*, 3. *Geheimrath*, 2. *Wirklicher Geheimrath*, 1. *Kanzler* (hohe Excellenz).

Ueberaus häufig begegnen wir gewissen Pleonasmen:

abbeizen, abdelegieren, abbohnen, abdecken (ein Dach), *Abfeglis, abgäten, abmildern, abreinigen, abroden, abrüden, abscheiteln, abschnänden, absplitterig, abstauen, abstören, abstreichen* (durchwichsen), *abstützen, abweichen, abwraken; anangeln, anbefestigen, anbeginnen, anerhalten, anermahnen, anerwägen, anfordern, Anfordernis, anmiethen, annotieren, Anprobe, Ansaat, anstauen, anverkündigen, anverloben; aufschärfen, aufschleifen, aufstapeln, aufstärkeln, aufstauen; auskanten, ausmästen, ausmopsen, Ausmündung, ausmustern, ausquellen, ausschmieren; ausverbreiten, ausverdingen, ausverharren, ausverleihen, ausverschwinden, ausweindigen; es befindet sich dasz* . . . , *belobigen, bepflastern, beprüfen, bereinigen* (von Strassen und Plätzen; vom Klarieren der Waaren auch in Deutschland gebräuchlich), *besichern; einängstigen, einballotieren, einbegehren, einbehändigen, einbekommen, einberichtigen, eindecken* (ein Dach), *eindressieren, einerhalten, einfluren* (mit Steinplatten belegen), *einfordern, eingedenken, eingrundieren* (vom ersten Strich mit Oelfarbe), *einhissen, Einmündung, Einrisz* (in ein Kleid), *einspaken* (von Füszern, die von der Hitze verlechzen und eintrocknen; von abmagernden Frauenzimmern), *einstimmen* (die Instrumente eines Orchesters in den richtigen Zusammenhang bringen), *einvernehmen* (einen Zeugen), *einverzeichnen, einweiszen* (vom ersten Strich mit Waszerfarbe), *einzeichnen* (zum Zeichnen aufgelegte Actien); *Fiemerstange, groszwachsen, herabmindern, vorwegschieben;* der Zusatz von „Monat" bei Monatsangaben *Januarmonat, Märzmonat, Decembermonat* etc.; in den Reflexivformen *sich abwechseln, sich auflaufen* (ein hübsches Sümmchen läuft sich dabei auf), *sich befindlich, sich einstauen, es erfordert sich* (ist erforderlich), *sich gehören* (in Deutschland nur — ziemlich sein, hier auch — *pertinere ad, opus esse*), *sich lohnen* (es lohnt sich nicht der Mühe), *sich münden, sich passen* (in Deutschland = *decet*, hier *convenire*), *sich prahlen, es stammt sich* (rührt da und da her), *sich verlaufen* (die Sache verläuft sich im Sande).

Es würde von der Aufgabe, die wir uns gestellt haben, zu weit abführen, wollten wir auch noch ausführlicher auf solche Sprachunsicherheiten und deren Gründe eingehen, wie das Verwechseln von *längs* und *längst, darin* und *darein, dicht* und *dick, auszen* und *drauszen, drüben* und *hinüber* (bring das drüben), *bringen* und *holen, herum* und *umher, her* und *hin*, auch in allen Zusammensetzungen, *machen* und *thun, denn* und *dann, sich verengen* und sich *verrenken, stellen, setzen* und *legen* (man *legt* eine Kommode an die Wand, ein Kind in die Schule), Verwechselungen, die sich zum Theil so eingenistet haben, dasz selbst Wiedemann meint, er wolle sich nicht zu denen rechnen, die im mündlichen Verkehr hierin immer richtig unterschieden. Aus demselben Grund kann nur vorübergehend an die stehenden falschen bzw. ungebräuchlichen Formen, auch im Munde von Gebildeten, erinnert werden, nach denen es heiszt *gehieszen, geeszen* (statt der bekanntlich durch Misverstand gebildeten, aber nhd. allgemein üblichen Form *gegeszen*), oder an die landesübliche Umschreibung des Conjunctivs mit „würde" in völlig unstatthafter Wendung, die gleichfalls so häufig vorkommt, dasz sie in den pädagogischen Beilagen des „Inland" den Estländern einmal den Beinamen der „Würdevollen" verschafft hat. Ein näheres Eingehen hierauf und auf Syntax, Flexion, Betonung, Aussprache der deutschen Mundart in Estland wäre einer besondern Untersuchung vorzubehalten. Was die bisher angestellten Betrachtungen uns zeigen, genügt, um uns in unserer Mundart einen sonderartigen, lebenskräftigen Sprosz an dem groszen deutschen Sprachstamm erkennen und schätzen zu laszen. Die baltische und mit ihr die estländische Sprache ist zwar nicht deutsch in dem Sinne, der sich mit diesem Worte ursprünglich verbindet; denn deutsch heiszt, was dem Volke zugehört, im Gegensatz zu dem Latein der Gelehren und später zum Romanischen, Wälschen, und die grosze Masse unter den Einwohnern unseres Landes spricht undeutsch. Wir müszen von Ausland sprechen, wenn unser Mutterland, Deutschland, gemeint ist. Aber die baltische Mundart, wie wir sie überkommen und ehrlich bis jetzt gepflegt haben, ist doch mehr, als eine dürre, abgeblichene, todte Büchersprache, mehr, als ein bloszer roher Lostreiber-Jargon. Was Gutzeit von der deutschen Mundart Livlands urtheilt, und das von ihm gefällte Urtheil findet seinerzeit schon an keinem Geringeren, als Herder, einen Gewährsmann, das gilt auch von der Mundart Estlands. Sie ist reich an eigenartigen, merkwürdigen, schlagenden Wörtern und Ausdrücken. „Viele von ihnen können ungebrauchte oder in wenigen Formen vorhandene Deutschlands erläutern helfen; viele zeichnen sich durch Eigentümlichkeit und treffende Bestimmtheit aus, viele durch eine feine Schattierung des Begriffs, die im Neuhochdeutschen nicht wiederzufinden ist, so dasz sie, aufgenommen ins Hochdeutsche, zu wahrer Bereicherung dienen könnten; alle zeigen das Leben eines deutschen Sprachzweiges, der auf fremdem Boden Wurzel schlug und ungeachtet vielfacher Stürme, die auf ihn einbrachen, nicht gebrochen ist, sondern lebhaft fortgrünt."

www.ingramcontent.com/pod-product-compliance
Lightning Source LLC
Chambersburg PA
CBHW020259090426
42735CB00009B/1142